Osman Engin

Alles getürkt!

Neue Geschichten zum Lachen

Mit Cartoons von Til Mette

Rowohlt

rororo tomate
herausgegeben von Klaus Waller

Originalausgabe
Veröffentlicht im Rowohlt Taschenbuch Verlag GmbH,
Reinbek bei Hamburg, Dezember 1992
Copyright © 1992 by Rowohlt Taschenbuch Verlag GmbH,
Reinbek bei Hamburg
Die Rechte an den einzelnen Satiren liegen beim Autor
Umschlaggestaltung Barbara Hanke
Umschlagillustration Til Mette
Satz Palatino (Linotronic 500)
Gesamtherstellung Clausen & Bosse, Leck
Printed in Germany
790-ISBN 3 499 13205 2

Inhalt

Tante Osman antwortet

Vor zwei Monaten habe ich einen großen roten Kasten vor dem Wohnzimmer montiert. Hier kann meine Familie – insbesondere die zweitgrößte Nervensäge des Mittleren Orients und meine fünf Kinder – alle ihre Fragen, Wünsche und Beschwerden an mich in schriftlicher Form einreichen. Früher konnte man nämlich durch den ganzen Lärm und das Durcheinander bei fünf Kindern sein eigenes Wort nicht mehr verstehen. Der Sinn meines Lebens war in Gefahr: Ich kam nicht mehr dazu, in Ruhe Fernsehen zu gucken.

Nun habe ich möglicherweise eine Marktlücke entdeckt. Eine Inflation von Fragen bricht über mich herein. Das Kummerkastengeschäft boomt. Jeden Tag, wenn ich von meiner Wechselschicht in Halle 4 nach Hause komme, quillt der Kummerkasten über. Aber außer den Fragen über die Schwierigkeiten des täglichen Daseins entdecke ich in dem Ding immer wieder was anderes: z. B. Toilettenpapier (kaum benutzt), gebratene Zucchini, Kartoffelschalen, lebende Hamster und Kondome. Ich hoffe, daß letztere von meinem Sohn stammen und nicht von meiner Tochter.

«Warum denn?» sagt meine Frau. «Willst du, daß deine Tochter schon mit 14 Jahren Kinder kriegt?!»

Um alle Fragen kompetent und sachgerecht beantworten zu können, bleibt mir nichts anderes übrig, als verschiedene Expertenteams zu engagieren. Eine Gruppe von vier Psychologen muß ich allein dafür beschäftigen, um all die Fragen meiner Tochter bezüglich ihrer Pubertät zu beantworten.

Nachdem die Fragen von mir und den Expertenteams gewissenhaft schriftlich beantwortet worden sind, werden sie am Schwarzen Brett im Flur veröffentlicht. Bereits nach 14 Tagen hat sich unser gesamter Flur in ein ‹Schwarzes Brett› verwandelt.

Um mich gegen die Flut der Kummerkastenfragen zu wehren, erschwere ich die Zugangswege. Ich setze die Kiste unter Starkstrom und umwickele sie mit Stacheldraht. Nützen tut es aber nichts! Meine Schwiegermutter ist sogar begeistert: «Die Neuentdeckung von meinem Schwiegersohn, nämlich die Elektroschocks mit Stacheldrahtmassage, haben bei mir Wunder gewirkt, mein Rheuma ist wie weggeblasen», erzählt sie überall.

Dies hat zur Folge, daß schon eine Woche später alle Altersheime der Umgebung Tagesfahrten zu meinem Kummerkasten organisieren. Um als nicht studierter Mediziner keinen Ärger mit der Gesundheitsbehörde zu bekommen, sehe ich mich gezwungen, auch noch drei Ärzte einzustellen, die den Genesungsprozeß der Rentner überwachen.

Um allen Ansprüchen gerecht zu werden, die an meinen Kummerkasten gestellt werden, muß ich eine eigene Zeitschrift herausgeben.

Neben den üblichen, normalen Fragen wie: «Ich bin 85 und noch Jungfrau, mögen die jungen Männer so was?» oder «Ich bin ein volljähriges Kaninchen und liebe eine Waschmaschine. Ist das normal? Hat Allah das so gewollt?!» gibt es immer mehr Sprücheschreiber, die mein Medium mißbrauchen: «Lieber Machos prügeln als Hemden bügeln!» oder «Liegt der Chauvie platt im Keller, war die Emanze wieder schneller!» Als Antwort gibt's: «Frauen, befreit euch! Heraus aus den Betten der Männer! Ab in die Küche, Frühstück machen!»

Während der Arbeit in Halle 4 spricht mich unser

Pförtner an, der zwei Straßen weiter wohnt: «Osman, wann werden die Fragen von meiner Tochter Monika beantwortet?»

Auf dem Heimweg bekomme ich langsam Zweifel, ob die ganzen Briefe im Kummerkasten wirklich von meiner Familie stammen.

Als ich den Zettel mit der Frage lese: «Wo bekomme ich die Finanzen für die Sanierung der neuen Bundesländer her?», wird mir aber endgültig klar, warum seit gestern alle Autos in unserer Straße plötzlich ein Bonner Kennzeichen tragen.

Ausländer-Mitbenutzungs-zentrale

Hier, bitte schön, Herr Engin. Ich habe heute mal wieder echte türkische Frikadellen gebraten. Sie sind besonders gut geworden, probieren Sie mal», ruft Oma Fischkopf von oben. Ich bleibe im Treppenhaus stehen.

«Vielen Dank, Frau Fischkopf, wir haben gerade erst gefrühstückt.»

«Aber Herr Engin, wie können Sie mein türkisches Essen zurückweisen?! Ich habe mir solche Mühe gegeben. Millionen von Ausländern sterben vor Hunger in Afrika, und Sie wollen nichts essen.»

«Frau Fischkopf, ich lebe seit 30 Jahren in Bremen und nicht in Afrika. Und die meisten Afrikaner in Afrika sind dort keine Ausländer. Abgesehen davon habe ich wirklich keinen Hunger.»

«Herr Engin, bitte essen Sie! Tun Sie mir doch den Gefallen. Ich kenne sonst keine Ausländer.»

«Vielen Dank, Frau Fischkopf, vielleicht heute abend.»

«Aber Ihr armes Kind will bestimmt was zu essen, es ist doch so abgemagert», sagt sie und zeigt auf Hatice. Meine Tochter soll ein armes Kind sein? Sie weiß wohl nicht, was Hatice für ein Teufel ist! Und schon stopft Oma Fischkopf meiner Tochter die selbstgemachten Frikadellen in den Mund.

«Ögh!! Papi, Papi, ich kriege diese ekelhaften Dinger nicht runter», schreit Hatice auf türkisch.

Das Problem ist, sie mochte noch nie Frikadellen. Ihre Grundnahrungsmittel sind Pommes mit Ketchup, Chips und Schokolade.

«Hatice, mein Kind, sei tapfer! Zeig der Oma, daß du sie lieb hast. Wo soll die arme Frau denn sonst Ausländer zum Füttern herholen», flehe ich meine Tochter auf türkisch an.

«Hatice, tue so, als wenn du kaust. Gleich kannst du ja alles ausspucken», gibt meine Frau ihren mütterlichen Rat. «Hatice, meine geliebte Tochter, die Situation ist von nationaler Bedeutung. Du darfst das Mitleid der Deutschen nicht enttäuschen. Iß es um Himmels willen, iß es! Du bist doch das einzige Ausländerkind, das sie kennt.»

Hatice macht dicke Augen und würgt mit viel Mühe zwei Frikadellen runter.

«Frau Fischkopf, wir danken Ihnen von ganzem Herzen für diese leckeren Frikadellen», sagt meine Frau.

«Von heute an wird Ihr Kind jeden Tag etwas von mir zu essen bekommen», sagt sie, bevor wir uns verabschieden.

«Papa, Papa, laß uns sofort hier ausziehen. Ich werde auch immer artig sein», bettelt Hatice mit grünem Gesicht.

In letzter Zeit haben sich die Deutschen in zwei Lager aufgeteilt. Die eine Hälfte will uns mit Messer, Pistolen und Molotowcocktails umbringen und die andere mit ihrer übersteigerten Liebe.

«Guten Tag, Herr Engin», ruft von weitem Herr Nöllemeier, der Besitzer des Zeitungskiosks an der Ecke. «Wie fühlen Sie sich eigentlich in unserer Straße?»

«Eigentlich müßten wir Sie das fragen», knurrt meine Frau, «wir wohnen hier nämlich schon ein paar Jahre länger als Sie.»

«Herr Engin, Sie wollen doch sicher irgendwann in Ihre Heimat zurück, oder?»

«Mein ältester Sohn Recep ist der einzige, der wieder zurück in seine Heimat will. Er ist wohl der patriotischste von uns allen.»

«Und wird die Familie folgen?»

«Nein, unsere Wohnung wird nicht frei. Mein Sohn ist alt genug; wenn er unbedingt weg will, dann kann er auch alleine in Hamburg wohnen.»

«Wieso Hamburg?» fragt er verständnislos.

«Weil Recep in Hamburg geboren wurde, will er unbedingt dorthin zurück. Er behauptet, Bremen sei ein Dorf dagegen.»

«Herr Engin, Herr Engin», ruft Herr Sievers von der Mitfahrzentrale gegenüber, «passen die Kleider für Ihre Kinder, die ich mitgebracht habe?»

«Keine Ahnung, was für Kleider, Herr Sievers?» frage ich.

«Er meint den Müll, den er letzte Woche bei uns abgeladen hat», klärt mich meine Tochter auf türkisch auf.

«Davon weiß ich überhaupt nichts. Was hast du damit gemacht?»

«Die habe ich zum Flohmarkt gebracht», flüstert Hatice.

«Du hast Geschenke verkauft?» frage ich empört.

«Nein, nicht mal dort bin ich den Kram losgeworden. Deshalb habe ich die Sachen beim Roten Kreuz abgegeben», sagt sie.

«Meinen Kindern paßten die Sachen nicht mehr», klärt Herr Sievers mich auf. «Und da Sie ja der einzige Ausländer in unserer Straße sind, da dachte ich mir, warum soll ich die Sachen nach Rußland schicken!»

«Danke, Herr Sievers, Sie sind ja auch ein so guter Mensch», sage ich und schimpfe leise mit meiner Tochter: «Hatice, wenn du jetzt eins von seinen Kleidungsstücken angehabt hättest, es hätte einen so guten Eindruck bei unseren Deutschen gemacht.»

«Warum muß ich eigentlich immer unter diesem Schwachsinn leiden? Zieh doch selber seine alten Klamotten an», entgegnet Hatice.

Herr Sievers fragt neugierig: «Was meinte Ihre liebe Tochter, Herr Engin?»

«Sie sagt, sie hat diese schönen Kleider für ihren Geburtstag aufgehoben, und sie fragt, ob sie ihrem Onkel Sievers zum Dank die Hände küssen darf.»

Meine Frau flüstert: «Osman, Hatice fragt, ob sie dich nachher umbringen darf?»

Herr Sievers dreht sich zu Herrn Nöllemeier um und meint: «Diese Sorte von Ausländern habe ich besonders gerne: die Dankbaren. Als mein Schwager Hubert letztens seinem Ausländer Kleider schenken wollte, da hat ihm dieser Kerl doch wahrhaftig die Sachen zurück an den Kopf geworfen. ‹Behalt deinen Scheiß doch selber›, hat er gesagt.»

Herr Nöllemeier schüttelt entsetzt den Kopf: «Ausweisen sollte man die Bande, weil sie nicht mal als Ausländer taugen!»

Herr Sievers antwortet: «Deshalb gab ich meinem Schwager Hubert die Adresse von unserem Herrn Engin. Bei dieser Gelegenheit wollte ich Sie fragen, Herr Nöllemeier, ob Sie damit einverstanden sind, daß Leute, die nicht in unserer Straße wohnen, unsere Ausländerfamilie mitbenutzen dürfen?»

«Also, wenn es nicht so viele werden, habe ich nichts dagegen», meint Kioskbesitzer Nöllemeier.

«Papa, sind die eigentlich bescheuert? Wir sind doch hier nicht auf dem Sklavenmarkt», empört sich Hatice.

«Was meint Ihre hübsche Tochter?» fragt Nöllemeier.

«Sie freut sich, daß Sie sich so viele Gedanken wegen uns machen. Zum Dank möchte sie auch Onkel Nöllemeier die Hände küssen dürfen», übersetze ich wörtlich.

«Um noch mal auf das Problem zurückzukommen», sagt Herr Sievers zu Herrn Nöllemeier, «ich habe da eine Idee. Wenn wir bei Leuten, die ihren ersten Wohnsitz nicht in unserer Straße haben, eine Ausländer-Mitbenutzungsgebühr erheben, dann können wir die Sache in den Griff bekommen.»

«Das ist eine glänzende Idee, um unsere eigenen Ausländer vor fremden Deutschen zu schützen», begeistert sich Nöllemeier.

«Wir sollten einen Preiskatalog aufstellen, in dem alles geregelt ist und die Preise festgelegt sind: zum Beispiel für Füttern, Kleiden, Ausführen usw.»

«Genau. Wenn das Geschäft gut läuft, dann können wir vielleicht auch in anderen Stadtteilen Zweigstellen gründen. Und somit weitere ‹Ausländer-Mitbenutzungszentralen› eröffnen!»

«Wenn die beiden Idioten noch einen Ton sagen, hau ich denen persönlich eins auf den Kopf», sagt meine Frau wütend auf türkisch.

«Meine Gattin ist von Ihrer Geschäftsidee total begeistert. Sie ist tief gerührt. Soviel Zuwendung hätten wir Ausländer gar nicht verdient. Sie möchte ihren beiden Gönnern auch die Hände küssen dürfen», übersetze ich wieder gekonnt ins Deutsche.

Meine Übersetzungskünste werden aber leider von meiner eigenen Familie nicht entsprechend gewürdigt. Meine Tochter sagt: «Papa, mit dir gehe ich nie wieder auf die Straße. Erst muß ich zwei scheußliche Frikadellen essen und dann zwei alten Säcken die Hände küssen.»

Und meine Frau schimpft: «Osman, laß dich zu

Hause nicht mehr blicken. Du kannst gleich in deine ‹Ausländer-Mitbenutzungszentrale› einziehen!»

Ich schüttele entsetzt den Kopf: «Bei Allah, diese Ausländer sind wirklich soo undankbar!»

Ürü-üü ümürüü

Der Nächste bitte!» Ich stehe auf, die Schwester führt mich zum Sprechzimmer des Amtsarztes.

«Bitte setzen Sie sich, Herr Engin.»

«Nein, ich setze mich nicht hin!»

Der Doktor und die Schwester schauen sich verwirrt an.

«Was haben Sie denn?»

«Doch, doch, das stimmt, so wahr ich Ali heiße», sage ich.

«Aber Sie heißen doch gar nicht Ali, Sie Simulant, Sie!» sagt der Arzt etwas ungehalten.

«Doch, doch, das stimmt, so wahr ich Johannes heiße.»

Die Krankenschwester wühlt in meinen Papieren herum und sagt: «Es besteht kein Zweifel, der Patient heißt Johannes..., ich meine, Osman Engin.»

«Waas, der ist das, der große berühmte Schriftsteller», würde der Arzt sagen, hoffe ich.

«Wie war noch mal sein Name, Hüsman Änjiin?» fragt er zu meiner Enttäuschung.

«Also, Herr Hüsman, setzen Sie sich mal ganz ruhig hin.»

«Nein, ich setze mich nicht!»

«Herr Hüsman, haben Sie Probleme mit Hämorrhoiden?»

«Exküis mi, dis bietefel tits!» sage ich und grapsche der Krankenschwester mit beiden Händen an den Busen.

«Mann, sind Sie nicht ganz dicht im Kopf?» brüllt der Arzt.

18

«Oh, doch nicht hier, Sie Schlimmer!» flüstert die Schwester mit hochrotem Kopf.

«Ist ja in Ordnung, Herr Hüsman, wie fühlen Sie sich jetzt?»

«Ürüü-üü ümürü, ürü-üü ümürüüü!» rufe ich.

«Was meinten Sie eben?» fragt der Arzt.

«Ürü-üü ümürü, ürü-üü ümürüü!»

«Ürü ümürü, was?»

«Keiner versteht mich auf dieser Welt!»

«Ganz ruhig, Herr Hüsman, wo liegt Ihr Problem?»

«Ich schlucke zuviel Erde!»

«Aber warum schlucken Sie denn Erde?»

«Was soll ich machen, Herr Doktor, es passiert nun mal, wo ich doch täglich den Boden küssen muß.»

«So, so, Sie küssen also täglich den Boden?»

«Außer an Christi Himmelfahrt und an den Tagen, an denen dieser Ali Agca mich erschießt.»

«Mein Gott, wer schießt denn auf Sie?»

Die Krankenschwester ist im Weltgeschehen etwas gebildeter, sie meint: «Herr Doktor, ich glaube, er hält sich für den Papst.»

«Padro domine, inspiritu sangti, santos mantos, amen», rufe ich und küsse den Fußboden. Anschließend halte ich in 70 verschiedenen Sprachen der Welt die Weihnachtsansprache.

«Das reicht, das reicht, stehen Sie nun endlich auf!»

«Halt inne, mein Sohn. Der Herr ist mit dir», sage ich und segne den Arzt.

«Schwester Gertrud, der Kerl treibt mich noch in den Wahnsinn!»

«Aber mein Sohn, wie sprechen Sie denn mit dem Heiligen Vater?» sage ich und halte ihm die rechte Hand unter die Nase. «Du darfst mir die Hände küssen, mein Sohn! Ürüü-üü ümürüü, santos mantos, spiritus, amen.»

«Mein Gott, der Kerl treibt mich wirklich in den Wahnsinn!»

«Du darfst mich nicht so direkt ansprechen, mein Sohn. Was meinst du, wozu ich die ganzen Propheten auf die Welt geschickt habe!»

«Was hast du geschickt?»

«Den Moses, Jesus, Mohammed und noch ein paar andere.»

«Gertrud, es wird immer schlimmer mit ihm. Jetzt glaubt er, er wäre der liebe Gott.»

«Herr Doktor, darf ich ihn etwas fragen? Ich wollte nämlich schon immer wissen, ob die Menschen wirklich von Adam und Eva abstammen!»

«Gertrud, Sie sind ja noch bescheuerter als er!»

Mein Nachbar Hans ist seit ein paar Wochen Frührentner. Wegen seiner angeblichen psychischen Krankheit. Um in jungen Jahren sofort in Rente gehen zu können, brauchte er nur auf den Teppichboden beim Amtsarzt zu pinkeln. Aber da ich kein Deutscher bin, muß ich mir schon mehr Mühe geben. Einmal auf den Teppich pinkeln reicht da wohl nicht. Deshalb ziehe ich die Hose ganz aus, falte sie ordentlich zusammen und übergebe sie der Schwester. Dann suche ich mir auf dem Teppichmuster eine passende Stelle und hocke mich ganz bequem hin. Während ich meinen Bedürfnissen freien Lauf lasse, halten sich die beiden entsetzt die Nasen zu.

«Was macht der denn mit meinem neuen Teppichboden?»

«Wie soll ich's Ihnen am besten erklären, Herr Doktor, einer Ihrer Patienten kackt gerade in Ihre Praxis.»

Ich stehe auf und hole mir meine Hose zurück. Anschließend ziehe ich mehrmals mit voller Kraft an der Krawatte des Arztes. Schwester Gertrud stürzt sich zwischen uns.

«Lassen Sie ihn los, Johannes-Paul, so benimmt sich kein Papst!»

Völlig erschöpft ruft der Arzt: «Schwester, machen Sie sofort die Papiere fertig. Der Mann ist ja psychisch total krank. Ich sehe keine Chance, daß er jemals wieder arbeiten kann!»

Ich könnte den Arzt vor Freude umarmen. Voller Glück und mit viel Kraft ziehe ich noch mal an der Krawatte und sage: «Herr Doktor, ich glaube, Ihre Klospülung ist kaputt. Die Scheiße liegt nämlich immer noch da.»

Der Arzt schüttelt bedenklich den Kopf: «Wirklich, ein tragischer Fall. Unter fünf Jahren kommt der aus keiner Nervenheilanstalt mehr raus!»

Bei Allah, das hatte ich nun auch nicht gewollt!!

Bauchtanz um Iglu

Bei uns zu Hause herrscht große Freudenstimmung. Meine Frau führt seit einer Stunde alle möglichen Arten von Bauchtanz vor. Mein Sohn macht Breakdance in Höchstgeschwindigkeit. Und meine Tochter tanzt ‹Polonese Blankenese› ganz alleine mit sich selbst. Jetzt wissen alle, daß wir eine hochintegrierte, moderne, mitteleuropäische Familie sind.

Unsere Freude kennt keine Grenzen. Mein ältester Sohn kam nämlich mit einer sensationellen Nachricht vom Wohnungsmakler. «Einfamilienhaus, fünf große Zimmer, große Küche mit noch größerem Kühlschrank, ruhige Lage, idyllische Aussicht, in Stadtnähe und vornehme Nachbarschaft. Und das alles für 400 DM Kaltmiete», wiederholt mein Sohn immer wieder. Unsere Zweizimmerwohnung im Karnickelweg 7b ist uns nach der Geburt unseres fünften Kindes doch etwas klein geworden.

Unser jahrelanges Suchen nach einer anderen Wohnung war bisher leider völlig zwecklos. In all den Wohnungen, die wir nach Zeitungsinseraten besichtigten, kam ich mir vor wie bei einem Museumsbesuch. Stündlich wurden mehr als 70 Leute durch die drei kleinen Räume geführt. Man kam sich vor wie bei einer schlechten Party. Massenhaft langweilige Leute, miese Stimmung und zum Essen und Trinken gab's auch nichts.

«Hast du dem Makler auch gesagt, daß er die Superwohnung an niemand anderen vermieten soll?» frage ich meinen Sohn mißtrauisch. «Natürlich. Ich habe sogar die Miete für sechs Monate im voraus bezahlt.»

Als meine Frau das hört, fängt sie an, einen Bauchtanz schwedischer Art vorzuführen. Mit Orient, Afrika und Asien ist sie nämlich längst durch. Dabei singt sie aus voller Kehle: «Einfamilienhaus, fünf große Zimmer, schöne Aussicht, schicke Nachbarn, ooch, ooch, lay lay lay loom!»

«Und wenn inzwischen jemand dem Makler mehr Miete geboten hat?» frage ich meinen Sohn. «Das geht nicht. Ich habe an jede Straßenecke fünf meiner stärksten Freunde hingestellt, die lassen niemanden lebendig in die Straße zu dem Makler rein. Außerdem haben wir die Schienen abmontiert, die querstehenden Straßenbahnen verhindern, daß die Autos reinfahren können. Und jedes sich annähernde Flugzeug wird abgeschossen. Ich habe zwei Deserteure der sowjetischen Armee aus Thüringen mit ihren Luftabwehrraketen mitten auf der Straße postiert.»

Meine Frau umarmt ihn tief gerührt: «Dein Engagement, mein Sohn, unterstreicht auf eindrucksvolle Art und Weise unser massives und ernstgemeintes Interesse an diesem Einfamilienhaus.»

Ich habe schon immer gewußt, daß wir irgendwann eine gute Wohnung finden werden. Bei Allah, wie ich diese faulen Leute hasse, die ständig über diese angebliche Wohnungsnot jammern. Wenn man danach wirklich sucht, dann findet man auch eine Wohnung. Schließlich leben wir in Deutschland, dem modernsten und menschlichsten Land auf der Welt.

Nachdem meine Frau uns auch den Bauchtanz der Fidschi-Inseln vorgeführt hat, gehen wir alle zusammen zum Makler. Mein Sohn hat die notwendigen drei Verträge schon ausgefüllt. Einen Mietvertrag, einen Zusatzvertrag, daß man den Mietvertrag nicht kündigen darf; und einen dritten darüber, daß der Zusatzvertrag unkündbar ist. Ich brauche nur noch beim

Makler alles zu unterschreiben. Mein Sohn hat an alles gedacht. Das ganze Viertel ist abgeriegelt. Wir sind die einzigen, die durch alle Absperrungen und Kontrollpunkte bis zum Maklerbüro vordringen können. Mein Sohn hat seine Beziehungen spielen lassen. Unverständlicherweise waren zwei Leute vor uns da. Offensichtlich gibt es auch noch andere engagierte Wohnungssuchende, die keine Mühe scheuen, notfalls einen Tunnel zu graben. Aber unser Makler hält sein Wort. Ich darf alle drei Verträge unterschreiben.

Der Makler gibt uns die Schlüssel. Und er erklärt uns auf dem Stadtplan, wo das Haus steht: «Wenn Sie hier rauskommen, dann gleich links, und nach hundert Metern biegen Sie rechts ab in Richtung Hauptbahnhof. Von dort aus fahren Sie mit dem Zug in Richtung Amsterdam. Am Flughafen in Amsterdam bekommen Sie günstige Verbindungen nach Irland. In Dublin müßten Sie aber kurz umsteigen in die Maschine nach Island. In Reykjavik nehmen Sie die bequeme ‹König-Christian-Fähre› nach Grönland. In Grönland angekommen, fahren Sie dann von der König-Friedrich-Küste mit einem gemütlichen Fischerboot nach Søndre Strømfjord. Von der Stadtmitte ist es mit dem Hundeschlitten nur noch eine Viertelstunde bis zum Leuchtturm. Und dahinter ist es gleich, nicht zu übersehen: Ihr Einfamilieniglu. Fünf große Zimmer. Große Küche, mit einem gigantischen Außenkühlschrank. In wirklich ruhiger Lage. Mit idyllischer Aussicht auf den Leuchtturm und das Packeis. Nur 400 DM Kaltmiete. Und in wirklich vornehmer Nachbarschaft: Die Pinguine ringsum tragen den Smoking nicht nur zum Dinner, sondern Tag und Nacht.»

Heute nacht oder nie!

Heute will ich es wagen! Mein Plan ist bis ins kleinste Detail hinein ausgearbeitet. Rein theoretisch kann eigentlich nichts mehr schiefgehen. Heute nacht oder nie!

In jener Straße gibt es nur wenige Häuser. Das nächste Polizeirevier ist meilenweit entfernt. Gestern abend habe ich raffinierterweise mit Steinen die Straßenbeleuchtung kaputtgeschmissen; eigentlich müßte es dort jetzt stockdunkel sein.

Vor lauter Angst und Nervosität habe ich Durchfall und kann schon seit Stunden nichts mehr essen. Hoffentlich macht mein Herz die Aufregung heute nacht mit. Alle Gegenstände und Werkzeuge, die ich brauche, stecken in meiner schwarzen Tasche.

Ich habe keine Ahnung, wieviel ich bekomme, wenn sie mich erwischen. Ich bin mir des Risikos bewußt, das ich eingehe. Aber es gibt für mich keinen Weg zurück. Wenn es auch mir selbst nicht helfen mag, ich muß es tun für die Zukunft meiner Kinder! Erst kürzlich hat jemand so was Ähnliches gewagt: Sie haben ihn erwischt und er bekam eine hohe Strafe.

Ich warte bis Mitternacht, damit alle im Haus fest schlafen. Mit großer Mühe unterdrücke ich die Tränen, während ich zum letztenmal meine Kinder in ihren Bettchen betrachte. Ich küsse meine Frau auf die Stirn, ohne sie aufzuwecken. Mein Testament lege ich im Wohnzimmer auf den Tisch, für den Fall, daß ich nie wieder zurückkomme. Vor dem Spiegel ziehe ich mir noch einmal die Strumpfhose über den Kopf, um die Maske zu testen. Ganz leise spreche ich alle Gebete, die ich auswendig weiß, und dann schleiche ich auf Zehenspitzen aus dem Haus.

Auf dem Weg zum Tatort läuft mir mein ganzes bisheriges Leben wie ein Spielfilm durch den Kopf. Besonders diese eine Szene, wie wir als kleine Jungen in unserem Dorf aus dem schwarzen Esel unseres Nachbarn mit Kalkfarbe das erste Zebra der Türkei kreierten. Als ein Polizeiwagen an mir vorbeifährt, bin ich drauf und dran aufzugeben. Doch ich beiße die Zähne zusammen und gehe weiter. Heute will ich es schaffen! Nie hätte ich gedacht, in so eine Situation zu kommen. Aber da muß ich durch. Wie schon das berühmte türkische Sprichwort sagt: «Ne oldum deme, ne olacagim de!»

Dann bin ich nur noch 20 Meter von dem Gebäude entfernt. Ich schaue mich nach allen Seiten um. Die Laternen sind noch nicht repariert worden. Es ist alles finster. Sorgfältig beobachte ich die Fenster der umliegenden Häuser. Nirgendwo ein Licht zu sehen. Die ganze Straße schläft tief und fest. Ich bin mir absolut sicher, daß mich niemand beobachtet. Alles ist ganz ruhig.

Blitzschnell ziehe ich mir die Strumpfhose über den Kopf. Noch einmal schaue ich mich um und öffne behutsam die schwarze Tasche. Alles, was ich brauche, hole ich heraus. Ich versuche, nicht nervös zu werden, doch ich spüre, daß meine Hände wie Espenlaub zittern. Ich fühle mich wie ein Beamter, der zum erstenmal Schmiergelder kassiert. Von ganz ferne höre ich eine Polizeisirene, aber sie entfernt sich wieder. Damit ich keine Angst habe, versuche ich möglichst nicht zu denken. Ich konzentriere mich voll auf die Arbeit. Ich weiß, daß ich es schaffe.

Eiskalt und berechnend packe ich den Pinsel mit der rechten, den Farbeimer mit der linken Hand und mache mich an die Hauswand. Gekonnt und in atem-

„ZIVIL-COURAGE"

beraubender Schnelligkeit übermale ich mit weißer Farbe die Parole «Ausländer raus!» Cool und elegant lasse ich Pinsel und Farbe in einer Mülltonne verschwinden und laufe davon!

Ich laufe um mein Leben!

Hundescheiße

Es klingelt an der Tür. Ich schleppe mich vom Fernseher in den Flur. Vor der Tür steht Herr Sievers (der wohnt oben im vierten Stock und ist unser Hausverwalter).

«Ach... Herr Sievers! Was gibt's denn?»

«Sorgen Sie gefälligst dafür, daß diese ekelhafte Hundescheiße aus dem Flur verschwindet!»

Mit vier Fingern hält er die Einkaufstasche vor die Brust und weist auf einen riesigen Haufen, der ein paar Schritte entfernt auf dem Flur liegt. Die restliche Hundescheiße, die noch an seinem Schuh klebt, reibt er sich in aller Seelenruhe an meiner Fußmatte ab.

Ich verspüre einen Anflug von Wut in meinem Bauch und reiße mich zusammen: «Warum soll ich eigentlich den Dreck wegmachen, den Sie von der Straße mit reinbringen? Außerdem versauen Sie meine gute Fußmatte total! Wissen Sie eigentlich, wie teuer so was ist?»

Sievers sagt nur ein Wort: «Mittwoch!»

Heute ist Mittwoch, und mittwochs müssen wir immer den Flur von der Haustür bis zur Treppe saubermachen. An den anderen Tagen sind die anderen Familien dran.

«Aber, aber, nur weil wir dran sind, haben Sie noch lange nicht das Recht, absichtlich Hundescheiße von der Straße in den Flur zu schleppen!»

«Hören Sie mal zu, Herr Engin, meinen Sie etwa, ich würde mir absichtlich die Schuhe verdrecken?»

«Wieso dreckig? Die haben Sie an meiner Fußmatte wieder herrlich sauber gekriegt!»

«Egal, Sie sind heute dran, Sie machen den Dreck weg!» sagt er, dreht sich um und stampft die Treppe rauf.

Mir steigt das Blut zu Kopf und ich brülle: «Da können Sie lange warten!» und knalle die Tür zu. Ich könnte explodieren vor Wut, und die anderen Nachbarn denken jetzt bestimmt, ich hätte den Mist reingeschleppt, weil Spuren davon an meiner Fußmatte sind.

Nach einer Stunde kommt mein ältester Sohn Mehmet rein. «Vater, was liegt denn da auf dem Flur unter der Zeitung?» Dabei putzt er sich seine Schuhe mit einem alten Lappen ab und hält die Nase in die andere Richtung! Ich beiße die Zähne zusammen, versuche, mich auf den Videofilm zu konzentrieren.

Wenig später verspüre ich den inneren Drang, endlich zu wissen, wie Hundekot in unserem Hausflur, bedeckt mit einer Zeitung, aussieht.

Unter dem Vorwand, einkaufen zu müssen, verlasse ich unsere Wohnung. Auf dem Flur ist ein Exemplar der heutigen Tageszeitung voll ausgebreitet worden. Unter dem Papierberg ist der Haufen kaum noch auszumachen, man weiß überhaupt nicht, wo man hintreten kann und wo nicht!

Es gibt keinen Platz, um an der Stelle vorbeizukommen, man muß fast 1,50 m weit springen, um an die Haustür zu gelangen! War bestimmt ein echter Sportler, der die Zeitung über den Haufen gelegt hat!

Als ich vom Supermarkt wieder zu Hause ankomme, bietet sich meinen verwunderten Augen folgendes Bild:

Der Schwager von Peters aus dem dritten Stock ist mit Frau und Kind zu Besuch, sie stehen im Hausflur und kommen nicht an dem Haufen vorbei!

Der Mann nimmt Anlauf, und mit einem gewaltigen Satz erreicht er das rettende Ufer. Das Kind wird ihm zugeworfen, aber seine Ehefrau scheitert an der Barriere.

«Nein, Bernie, das packe ich nie!» schreit sie von ihrer Seite der Hundescheiße. «Laß uns doch wieder nach Hause gehen!»

«Sonst redest du doch immer von Emanzipation! Jetzt spring endlich rüber, Anneliese!»

Die gute Anneliese kommt bis zu mir an die Haustür, holt tief Luft, geht in die Knie, setzt zum Sprung an ... und bleibt vor dem Zeitungshaufen stehen. Sie läßt die Schultern hängen und murmelt nur: «Das schaffe ich nie, Bernie!» Die liebe Frau war ehrlich verzweifelt.

Ich nehme mir ein Herz, stelle die Einkaufstüten in die Ecke und biete der deutschen Familie meine Hilfe an.

«Wie wäre es, wenn ich Sie auf den Rücken nehme und wir springen gemeinsam rüber?»

«Eine glänzende Idee», ruft ihr Mann von der anderen Seite.

«Gut», sagt die Frau, «versuchen wir es mal.»

Ich bücke mich und gehe in die Knie, aber Frau Anneliese klettert mir nicht von hinten auf den Rücken, sondern setzt sich rittlings auf meine Schulter. Ich hocke im Hausflur und stecke mit meinem Kopf zwischen den Beinen einer fremden Frau. Ich sende ein stummes Stoßgebet gen Himmel, daß meine Frau jetzt nicht die Tür öffnet. Allein Allah und ich wissen, wie eifersüchtig sie ist. Jetzt kommt es darauf an, die Frau hochzustemmen, aber ich schaffe es nicht, diese Frau Anneliese muß mehrere Tonnen wiegen!

«Anneliese, wie oft habe ich dir gesagt, du sollst abspecken! Nicht mal ein Türke kann dich hochheben!»

Das hätte er nicht sagen sollen! Wie Peitschenhiebe treffen mich diese Worte! Ein Türke kann zehn Frauen auf einmal stemmen! Dieser Bernie soll mich noch kennenlernen! Ich hole ganz tief Luft, sammle alle meine Kräfte in den Knien. Mit festem Griff umfasse ich die Oberschenkel der Dame und zähle wie ein Schwergewichtheber: «Eins, zwei uuuund hooop!»

Ich liege mit dem Gesicht in der Scheiße! Die Frau fällt auf der anderen Seite herunter. «Na, wie habe ich das gemacht?» frage ich die beiden stolz.

«Ganz hervorragend, Herr Kollege, besser hätte ich es auch nicht machen können!» meint Bernie und klettert mit seiner Familie die Treppen hoch zu Peters.

Am nächsten Morgen finde ich im Briefkasten eine Fotokopie: «Wir bitten Sie herzlichst, heute an der Hausversammlung bezüglich des Hundekots im Hausflur teilzunehmen. Das Treffen findet um 20.30 Uhr heute abend bei Familie Schmidt im zweiten Stock statt.

Gez. Hausverwaltung Sievers.»

Zum Glück findet die Versammlung wenigstens auf neutralem Boden statt!

Pünktlich um 20.30 Uhr sind alle Bewohner des Hauses bei Schmidts eingetroffen.

Herr Peters schlägt vor, einen Diskussionsleiter und außerdem einen Protokollführer zu wählen. Der Hausverwalter schlägt sich selbst als Diskussionsleiter vor, wird aber von den meisten als parteiisch abgelehnt. Anschließend wird der alte Opa Koslowski zum Diskussionsleiter gewählt, und Frau Peters darf das Protokoll schreiben.

Opa Koslowski war früher beim Finanzamt und kennt sich mit so was aus. Er erteilt dem Gastgeber Herrn Schmidt das Wort.

«Sehr geehrte Damen und Herren, ich werde mich bemühen, die Sachlage kurz zu umreißen... Hundescheiße liegt im Hausflur! Nun weigert sich aber die türkische Familie Engin, den Flur zu reinigen, obwohl der Schmutz an ihrem Reinigungstag festgestellt wurde! Als Grund geben sie an, unser Hausverwalter, Herr Sievers, habe den Haufen absichtlich reingeschleppt und seine Schuhe sogar an ihrer Fußmatte saubergemacht! Mit Rücksicht auf die angespannte Lage zwischen den Parteien im Haus hat der Sohn von Familie Reinders freiwillig eine Zeitung über die betreffende Stelle ausgebreitet, um sie wenigstens optisch etwas aufzuwerten. Ich möchte hiermit Reinders jun. im Namen der gesamten Hausgemeinschaft für seinen uneigennützigen und selbstlosen Einsatz danken!»

Alle applaudieren oder klopfen auf den Couchtisch.

Mit einer gönnerhaften Geste gibt Finanzberater a. D. Koslowski das Wort an mich.

«Herr Schmidt, vielen Dank für Ihre Worte! Herr Reinders, ich danke Ihrem Herrn Sohn. Meine Damen und Herren! Gestern saß ich vor dem Videogerät, es war drei Uhr. Nein, ich glaube, es war schon halb vier. Da klingelte es plötzlich. Ich ahnte nichts Schlimmes. Wozu ist schließlich eine Klingel da, frage ich Sie. Zum Klingeln, nicht wahr! Also, wie gesagt, ich öffne die Tür, und da steht Herr Sievers vor mir. Besser gesagt, er putzte gerade eifrig seine Schuhe auf meiner Fußmatte sauber. Er sagte auch noch, ich solle die Hundescheiße, die er reingeschleppt hat, wegmachen! Er hat den Flur mit Hundescheiße verunreinigt und ist den Rest auf meiner Fußmatte losgeworden. Jetzt frage ich Sie, meine verehrten Damen und Herren, wie kann ein Mann so einen großen Haufen Hundekot an den Schuhen haben und angeblich nichts davon bemerken? Möglicherweise war er ja wirklich bis zum Flur ahnungslos, aber war er es auch noch, als er seine Schuhe an meiner Fußmatte abwischte? Ganz nebenbei möchte ich die Frage aufwerfen, wer eigentlich im Haus einen Hund hat, der solch einen riesigen Haufen herstellen kann? Und da kommt eigentlich nur der Schäferhund von Herrn Sievers in Frage! Wenn wir nun die Hundescheiße im Labor untersuchen lassen würden, dann, ich bin ganz sicher, würden wir feststellen, daß nur der Köter von Sievers in Frage kommt!»

Opa Koslowski stellt sein Bierglas empört auf den Couchtisch, wie der Richter im Gerichtssaal:

«Bitte keine Unterstellungen... noch ist nichts bewiesen, Herr Engin!»

«Jawohl, Euer Ehren... ich meine natürlich, Herr Koslowski!»

Da meldet sich Herr Reinders. «Ich möchte den Vorschlag machen, die Zeitungen über der betreffenden Stelle etwas zur Seite zu schieben, damit die Frauen und Kinder dort noch vorbeikommen. Eine andere Möglichkeit wäre auch, die Zeitung genau in der Mitte auseinanderzureißen, dadurch entsteht ein Loch, und darauf könnte man einen Fuß stellen. Eine andere Möglichkeit wäre dagegen...»

Fast zwei Stunden lang erzählt dieser praktisch veranlagte Mensch, was für Möglichkeiten es alles gibt. Zwischendurch serviert Frau Schmidt zum dritten Mal Brötchen mit Käse und Schinken. Das Bier geht auch langsam zur Neige. Um kurz vor 23 Uhr unterbricht ihn endlich Opa Koslowski: «Herr Sievers, erzählen Sie bitte, wie Sie den ganzen tragischen Vorfall erlebt haben!»

«Also, erstens, es war nicht um 15 oder 16 Uhr, sondern genau 17.15 Uhr! Das weiß ich deshalb so genau, weil meine Frau kurz vorher losgegangen war, und sie hatte um 17 Uhr einen Termin beim Frisör.»

«Das sagt gar nichts aus! Wie wir alle wissen, gehen alle Frauen immer ein paar Stunden früher zum Frisör, damit sie mehr Zeit haben zum Lästern», unterbreche ich ihn.

KAMELTREIBER

«Ich erhebe Einspruch», schreit Frau Sievers auf, «das ist eine unverschämte Unterstellung von Ihnen, Herr Engin!»

«Aber Frau Sievers, ich habe Sie doch nicht persönlich gemeint. Ich sagte: alle Frauen! Ich meine ja nur, daß man diesen Beweis für die genaue Uhrzeit nicht gelten lassen kann!»

Opa Koslowski: «Einspruch stattgegeben! Herr Sievers, fahren Sie bitte fort!»

«Also, wie gesagt, es war 17.15 Uhr. Ich kam durch die Haustür zum Flur herein, kurz vor der Wohnungstür von Herrn Engin bemerkte ich etwas unter meinem Schuh. Es war weich, klebrig und gelb. Um es einwandfrei feststellen zu können, putzte ich meinen Schuh an der Fußmatte ab. Es war eindeutig Hundescheiße! Mit anderen Worten: Als ich nach Hause kam, befand sich die Hundescheiße bereits am Tatort! Ich habe sie auf gar keinen Fall mit reingebracht. Ich klingelte bei Herrn Engin, damit er den Flur saubermacht, bevor das Zeug im ganzen Haus verteilt wird. Nun aber behauptet Herr Engin, der Täter sei mein Hund gewesen. Herr Engin ist aber lange genug in Deutschland, um zu wissen, daß auch andere Hunde scheißen und nicht nur meiner!»

«Herr Engin ist auch lange genug hier, um zu wissen, daß nicht alle Hunde ausgerechnet in unseren Hausflur scheißen!» zischt meine Frau wütend.

Da es schon nach Mitternacht ist, vertagen wir die Sitzung und beschließen, uns in drei Tagen, diesmal bei Familie Peters, wegen der Hundescheiße zu treffen. Bevor wir endgültig in unsere Wohnungen gehen, einigen wir uns darauf, daß die Zeitungen über dem Haufen um 15 cm zur Seite geschoben werden. Mit dieser Aufgabe wird der tapfere Sohn von Familie Reinders beauftragt.

Bohnensuppe

Ich will mit meiner Frau unsere bronzene, nein, hölzerne..., ich glaube, es ist unsere Nickelhochzeit; das hört sich irgendwie auch falsch an. Ich will mit meiner Frau unseren 25. Hochzeitstag feiern. Jetzt seid ihr platt, nicht wahr? Daß Türken sogar den Hochzeitstag feiern! Doch, doch, so was feiern selbst wir. Allerdings nur einmal alle 25 Jahre; wenn die Ehe überhaupt so lange hält. Wir gehen französisch essen. Spaghetti à la France oder so! Meine Frau freut sich darüber so, als wenn wir nach Frankreich fahren würden. «Nicht nach Frankreich», verbessert sie mich, «nach Paris.»

Wir verabschieden uns von unseren fünf Kindern so herzzerreißend, als würden wir wirklich nach Frankreich fahren beziehungsweise nach Paris! Im französischen Restaurant bringt der französische Kellner die französische Speisekarte. Es ist natürlich kein gewöhnlicher Kellner wie unsere türkischen oder deutschen. Er tut wenigstens so. Wir lesen die Speisekarte. Wir buchstabieren Wort für Wort: «Gigot d'agneau, pommes mousseline»; «Quiche Lorraine»; «Soupe aux haricôts blancs»; «Crêpes Suzette»...

«Wenn ich so was Kompliziertes essen muß, bekomme ich bestimmt Magenkrämpfe», flüstere ich ganz leise.

«Ein Glück, daß die feinen Menschen hier dein primitives Türkisch nicht verstehen», knurrt die zweitgrößte Nervensäge des Mittleren Orients quer über den Tisch. «Daß du einen auch überall mit deiner Blödheit blamieren mußt», zischt sie weiter.

«Was kann denn mein armer Magen dafür. Der ist

doch seit 25 Jahren nichts anderes gewöhnt als deine angebrannte Bohnensuppe.»

«Halt bitte die Klappe!» Und gehässig, wie sie ist, fügt sie ganz laut und höflich hinzu: «Merci!»

Der Deutsche mit dem Schnurrbart vom Nebentisch bittet mich um Feuer. Ich zünde seine Zigarette an. «Ich danke Ihnen sehr», sagt er.

«Merci, merci», sage ich und schaue triumphierend zu meiner Frau. Ein Glück, daß die alten Osmanen so viele Wörter von den Franzosen übernommen haben.

«Ach, Sie sind Franzose», ruft der Deutsche. Ich gucke meine Frau an.

«Yes, Mösyö!»

«Die Franzosen sind die einzigen Ausländer, die wir lieben», ruft die deutsche Frau vom Nebentisch zu uns rüber.

«Ach ja, das freut uns aber riesig», sage ich.

«Sie haben den Eiffelturm, Napoleon und Paris», sagt sie.

«Wir haben auch Istanbul und Döner-Kebab», will ich sagen, aber da fällt mir siedendheiß ein, daß wir doch Franzosen sind. «Madam, können Sie Französisch?» frage ich unsere Nachbarin laut.

Da fährt mich meine Frau ganz leise auf türkisch an: «Schämst du dich nicht, eine fremde Frau in aller Öffentlichkeit zu fragen, ob sie französisch kann! Dazu auch noch eine verheiratete Dame!»

«Aber ich meine doch die französische Sprache, nicht was du wieder denkst.»

«Wir können leider kein Wort Französisch, obwohl wir die Franzosen so sehr lieben», ruft der Mann vom Nebentisch herüber. Als meine Frau das hört, geht sie aufs Ganze und erwidert ihm: «Lö vu Madam Mösyö, parle vu France de la Merci.»

Ich übersetze den Schwachsinn gekonnt unseren

deutschen Nachbarn. «Meine Frau sagt, daß wir Franzosen die Deutschen auch sehr lieben, obwohl sie keinen Eiffelturm haben und nicht mal Napoleon.»

Lächelnd meint die deutsche Dame: «Aber mit diesem Ausländerpack – wir haben hier in Deutschland so schrecklich viele Türken – wollen wir nichts zu tun haben.»

«Wir wollen mit denen auch nichts zu tun haben», sage ich. «Aber wegen unserer schwarzen Haare hält man uns ständig für Türken.»

«Das gibt's doch nicht», sagt der Mann. «Ihnen sieht man doch gleich an, daß Sie Franzose sind. Sie haben kein bißchen Ähnlichkeit mit diesem Gesindel!»

«Aber nicht jeder in Ihrem Vaterland hat so eine Menschenkenntnis wie Sie», gebe ich das Kompliment höflich zurück.

«Gott sei Dank sind bei uns in letzter Zeit einige echte vaterlandsliebende Parteien stärker geworden. Die werden das Land schon säubern. Ich meine die Republikaner und so!» ruft es vom Nachbartisch.

«Wegen der vielen Nordafrikaner sind wir von Frankreich nach Deutschland geflüchtet. Und hier gibt's dafür die lästigen Türken. Wir werden diese Orientalen wohl nie mehr los. Sollen wir denn auf den Mond flüchten?! Ich wette, auf dem Mond würde ich die auch noch treffen», sage ich lässig und winke elegant dem Kellner zu. «Garçon, zweimal soupe aux haricôts blancs, bitte.»

«Weißt du denn überhaupt, was du bestellt hast?» flüstert meine Frau.

«Nein, aber es klang so gut!»

«Es soll nicht gut klingen, sondern gut schmecken.»

«Lassen wir uns überraschen. Ich mache unser Leben spannender.»

«Bei Allah, was für eine Spannung, ich halte es kaum noch aus.»

«Ich auch nicht, ich habe einen Bärenhunger.»

Die Frau vom Nebentisch ruft: «Sie haben ja gar keine Kinder...» Ihr Mann vollendet den Satz: «...im Gegensatz zu diesen Türken. Die haben alle drei, vier Blagen.»

«Einige haben sogar fünf», verbessere ich ihn.

«Kennen Sie denn einen Türken persönlich?» fragt der Mann verdutzt.

«Ja doch, ich habe einen Türken zu Hause», sagt meine Frau. «Er arbeitet sogar für mich, kauft ein und fährt unseren Wagen. Ich nenne ihn meinen ‹Osmaan Änjin›!»

«Ach, wie interessant!» rufen die beiden vom Nebentisch. «Sie haben einen türkischen Butler.»

Ich werde nie wieder einkaufen oder Auto fahren! Der Kellner, pardon, der Garçon bringt unser Essen. Als meine Frau probiert, kann sie sich vor Lachen nicht bremsen: «Bei Allah, das ist ja Bohnensuppe!»

Sie hat recht. Es ist wirklich Bohnensuppe, so wie ich sie seit 25 Jahren kenne. Nur nicht angebrannt.

«Da hätten wir ja zu Hause bleiben können, wenn wir hier auch Bohnensuppe essen», knurrt meine Frau.

«Keine Bohnensuppe», sage ich, «sondern soupe aux haricôts blancs. Und somit wäre auch bewiesen, daß Bohnensuppe das feinste Essen der Welt ist.»

Aber meine Frau kann die türkenfeindlichen Sprüche vom Nachbartisch anscheinend noch schwerer verdauen als die französische Bohnensuppe. «Was sind denn Ihre Gründe, daß Sie überhaupt keine Türken mögen?» will sie von unseren Nachbarn wissen, die, obwohl sie Deutsche sind, noch schlechter deutsch sprechen als wir.

«Zum Glück kennen wir keine Türken persönlich. Wir leben nämlich erst seit einem Jahr hier in Deutschland, wissen Sie», meint unsere Nachbarin.

Ihr Mann spricht hastig weiter: «Wir waren immer schon sehr stolz darauf, von rein deutscher Rasse zu sein! Wir sind aus Kirgisien ins deutsche Reich übersiedelt, weil wir als Deutsche endlich unter Deutschen leben wollten. Aber was ist passiert? Jetzt leben wir hier unter lauter Polacken und dreckigen Türken.»

Alles getürkt

Mehr als zehn Millionen Menschen sterben jähr-
lich an Hunger!» empört sich der Mann neben
mir in der Straßenbahn. «Ist das nicht schrecklich?»

Die sollen mit ihrer Diät doch nicht gleich so übertrei-
ben, denke ich mir. Dicke Menschen wie ich sind auch
schön. Ich versuche seit Jahren abzunehmen und
schaffe es nicht. Mensch, wie glücklich müssen die
wohl sein. Hihaho, hahha, kicher, kicher! Was ist
schon dabei, wenn zusätzlich noch ein paar Millionen
durch unsere Waffen sterben? Schließlich haben wir
dadurch einige sichere Arbeitsplätze. Ich bin jedenfalls
stolz darauf, Qualitätsarbeit abzuliefern. Wertarbeit,
made in Germany. Hihaho, hahha, kicher, kicher!

«Erst verkaufen die Brüder ihre Waffen überallhin,
dann spielen sie den Moralapostel», quatscht mich der
Mann weiter unverschämt von der Seite an.

«Hihaho, hahha, kicher, kicher», antworte ich ihm
höflich.

«Die ganze Welt stopfen sie mit ihren Waffen voll,
dann tun sie so, als wären sie die größten Demokra-
ten», heult er weiter, als hätte ich ihm den Schnuller
weggenommen.

«Ist doch toll, hihaho, hahha, kicher, kicher», freue
ich mich und gebe ihm den Schnuller zurück.

«Stimmt, da kann man wirklich nur lachen. Wir
seien ein kulturell hochentwickeltes Land, behaupten
sie. Aber anstatt was Nützliches für die Menschheit zu
tun, bauen die Waffen, um unschuldige Kinder zu tö-
ten.»

«Ein lustiger Gedanke», sage ich. «Hihaho, hahha,

kicher, kicher. Das ist das Komischste, was ich seit langem gehört habe. Unsere deutschen Waffen sollen schädlich sein? Eine bösartige Unterstellung ist das. Hihaho, hahha, kicher, kicher.» Ich kann mich vor Lachen nicht mehr einkriegen.

«Was sind Sie denn nur für ein Mensch», zischt der Mann sauer. «Wie können Sie über so was nur lachen? Sind Sie Waffenhändler oder was? Oder hat man Ihnen das Gehirn amputiert?»

«Tolle Bomben bauen wir in Deutschland. Die zerstören nichts, bringen nur die Menschen um. Ist das nicht phantastisch? Hihaho, hahha, kicher, kicher», verteidige ich weiterhin das Gute.

«Sie sind ja total verrückt! Sie Kriegstreiber! Sie Wahnsinniger», schreit er mich an, zieht hastig die Notbremse und läuft so schnell weg, wie er kann.

«Deutsche Waffen sind nützlich», rufe ich hinter ihm her. «Ein bewährtes Hausmittel gegen Rheuma und gegen die Überbevölkerung auf der Welt. Wenn die sich mit unseren Waffen nicht gegenseitig umlegen, dann krepieren sie sowieso an Hunger! Hihaho, hahha, kicher, kicher.» Ich lache so lange, bis mir der Bauch weh tut. Wenig später komme ich endlich an der Wohnung an, die ich mieten möchte.

«Sie können die Wohnung leider nicht mehr bekommen. Sie ist schon vergeben», sagt der Vermieter.

«In diese Bruchbude wäre ich sowieso nicht eingezogen. Hihaho, hahha, kicher, kicher», lache ich herzhaft.

«Lachen Sie nicht so bescheuert, hauen Sie endlich ab!»

«Oh, bin ich glücklich, daß ich die Wohnung nicht bekommen habe. Hihaho, hahha, kicher, kicher.»

«Dieser Mensch tut so, als hätte er tatsächlich die Wohnung bekommen», sagt der Vermieter fassungslos zu seiner Frau. «Und dieses Gekicher macht mich wahnsinnig!»

«Vielleicht ist er ein frustrierter Wohnungssuchender, der einen hinterhältigen Rachefeldzug gegen uns Vermieter gestartet hat», spekuliert seine Frau. «Irgendwann müssen diese Menschen ja auch verrückt werden.»

Dann dreht sie sich zu mir und fragt: «Mein Herr, seit wieviel Jahren suchen Sie denn schon eine Wohnung?»

«Wohnung? Wieso Wohnung? Ich brauche keine Wohnung. Es gibt genug Brücken und Straßen. Und sie haben viele Vorteile: Man braucht nicht zu tapezieren, putzen und renovieren. Kein Streß mit Nachbarn und keine überhöhten Mieten. Immer frische Luft. Und jeden Morgen wird man Punkt 5.30 Uhr durch seinen Lieblingspolizisten aufgeweckt. An Sonn- und Feiertagen können wir ausschlafen.»

«Hat man denn überhaupt keine Nachteile als Wohnungsloser?»

«Die vielen Autos, die ständig durch mein Schlafzimmer rasen, stören mich manchmal. Meine Parkbank ist noch nicht verkabelt. Und Telefaxanschluß bekomme ich auch nicht. Hihaho, hahha, kicher, kicher. Aber das ist unwichtig. Dadurch, daß man draußen schläft, wird man prima abgehärtet. Den Untergang der Menschheit werden garantiert nur wenige überleben: die Kakerlaken, die Ratten und die Obdachlosen! Hihaho, hahha, kicher, kicher!»

«Als nächstes stürzen sich solche armen Menschen von der Brücke», urteilt die Vermieterin, «erst drehen sie durch, dann springen sie in den Tod.»

Danach dreht sie sich wieder zu mir um: «Herr Kakerlake ... öh, Verzeihung, wie heißen Sie noch mal?»

«Ich heiße Osman Ratte, ich meine, Osman Engin.»

«Herr Engin, wollen Sie diese Wohnung wirklich nicht haben?»

«Nein, Ihr Mann gefällt mir nicht!»

«Mit solchen Irren will ich nichts zu tun haben! Hau endlich ab, Mann», schreit der Vermieter und schubst mich auf die Straße.

«Danke, danke, hihaho, hahha, kicher, kicher», antworte ich fröhlich lachend.

«Zwei Straßen weiter gibt es eine sehr schöne hohe Brücke», ruft er mir hinterher. «Sie sind bereits tot, bevor Sie unten aufklatschen!»

«Es sieht ziemlich ernst aus», sagte der Arzt, als ich letzte Woche bei ihm war. «Wenn Sie nicht Ihre eigene Beerdigung feiern wollen, dann dürfen Sie sich nicht mehr aufregen. Ihr Herz ist stark angegriffen.»

«Ist das der Grund für die Schmerzen in meinem linken Arm?»

«Genau, so ist es. Sie dürfen sich ab sofort nicht mehr aufregen. Wenn Probleme auftauchen, dann bauen Sie einfach einen Türken gegen sich selbst und täuschen so Ihre eigenen Gedanken. Jede Art von Ärger ist lebensgefährlich für Sie!»

«Kein Problem, Herr Doktor. Ich als Türke kann bestimmt den besten Türken bauen, den Sie je gesehen haben. Aber wie soll man es denn heutzutage schaffen, sich nicht ununterbrochen zu ärgern?! Darf ich wenigstens Comics lesen oder mir Helmut Kohl anhören?»

«Nein, sind Sie wahnsinnig! Ich habe doch gesagt, Sie dürfen sich überhaupt nicht aufregen. Selbst wenn Ihre eigene Frau Sie in Zukunft betrügt, machen Sie sich lustig darüber. Lachen Sie sich schief. Denken Sie einfach, wie oft Sie Ihre Frau schon betrogen haben. Und jetzt bücken Sie sich mal nach vorne. Ich muß Ihnen diese Spritze geben.»

«Waaas? Dieses Monster ist doch einen halben Meter lang, Herr Doktor, haben Sie doch Erbarmen mit mir.»

«Nehmen Sie es nicht so tragisch, Herr Engin. Das sind nur rein äußerliche Schmerzen. Lachen Sie einfach, dann ist es halb so schlimm.»

«Hihaho, hahha, kicher, kicher! Diese niedliche Spielzeugspritze ist doch höchstens 49 cm lang. Hihaho, hahha, kicher, kicher. Auuaaaa. Hihaho, hahha, kicher, kicher. Auuuaaaa!!!»

Ehrenhafter Kaninchenschänder

Herr Kaninchenschänder, bitte eintreten.»
Alle Leute lachen und kichern im Warteraum, aber
keiner steht auf.

«Herr Kaninchenschänder, bitte zum Arztzimmer.»
Der Warteraum beim Arzt ist brechend voll.

«Wie kann man nur ‹Kaninchenschänder› heißen?»
sagt die ältere Dame neben mir.

«Sie haben ja so recht, meine Dame. Mit solch einem
Namen würde ich mich glatt umbringen.»

«Letzter Aufruf für Herrn Kaninchenschänder!»

Alle schauen sich an, aber keiner steht auf. Und
dann wird auch schon der nächste aufgerufen.

Es ist jedesmal das gleiche. Wenn ich mal zum Arzt
will, muß ich stundenlang warten, bis alle Leute weg
sind. Erst dann stehe ich auf und gehe rein. «Guten
Tag, ich bin Osman Kaninchenschänder!»

Als ich damals vor 20 Jahren nach Deutschland
wollte, brauchte ich einen Nachnamen. Aber bis dahin
hatte niemand in unserem Dorf Nachnamen. Dieses
Nachnamengesetz von Atatürk war bis zu uns in den
Kaukasus nie vorgedrungen. In dem Jahr hatten viele
Leute aus unserem Dorf vor, nach Deutschland zu gehen. Und alle suchten sich passende Nachnamen.

Unsere Sippe sammelte sich im Hause meines Va-
ters. Alle Onkel und Tanten kamen. Onkel Ömer hatte
den ersten Vorschlag:

«Unsere Familie verdient einen besonders ehrenvollen Namen. Deshalb sollst du Osman ‹Rotestürkisches
Heldenblut› heißen!»

«Das klingt wirklich bescheuert», sagte meine Tante,

«und außerdem verletzt so was das Ehrgefühl der Deutschen; haben die etwa gelbes Blut?»

Mein weiser Vater übernahm die Rolle des Richters: «Das stimmt, die Deutschen werden dadurch gekränkt!»

«‹Blühende Seerose› sollte unser Familienname sein», sagte meine Tante.

Mein Onkel regte sich gleich auf:

«Osman Blühende Seerose, so was Lächerliches. Einen dicken, häßlichen Mann ‹Blühende Seerose› zu nennen ist eine Beleidigung für alle Rosen in diesem Land. Osman ‹der Mutigste aller Türken›, das würde unserer Familie gut stehen!»

«Daß ich nicht lache», rief meine Frau dazwischen, «Osman und mutig, der hat doch Angst, alleine nachts aufs Klo im Hof zu gehen. Osman Hosenscheißer, das wäre ein passender Name für ihn.»

«Papa, nennen wir dich doch ‹He-Man des Kaukasus›, Osman Schwarzenegger», sagte mein damals vierjähriger Sohn Recep.

«Das ist doof», sagte meine kleine Tochter, «ich möchte lieber ‹Niedlicher Pumuckel› oder ‹Wunderschönes Schneewittchen› heißen.»

«Mein Vater kann doch nicht ‹Osman Wunderschönes Schneewittchen› heißen», protestierte Recep.

«Warum denn nicht, Schneewittchen heißt ja auch so.»

In den Morgenstunden des nächsten Tages einigten wir uns darauf – das heißt, die Männer –, daß unser Familienname ‹Der tapferste Krieger seit Attila› heißen soll. Danach hatten wir auch Streit mit unseren Frauen, weil wir deren Vorschläge wie ‹Zarte Orchidee›, ‹Weiße Lilie›, ‹Romantisches Mondlicht› oder ‹Julio Iglesias› nicht angenommen hatten.

Acht Tagesritte später waren wir in der nächsten

Kleinstadt, um unseren neuen Nachnamen bei der Behörde eintragen zu lassen.

Die Beamtin schlug ihr überdimensionales Ahnenbuch auf, verschwand darin für zehn Minuten und tauchte dann wieder auf.

«Das geht nicht, der Familienname ‹Der tapferste Krieger seit Attila› ist leider schon vergeben. Und zwar an den Viehhüter Mustafa aus eurem Nachbardorf.»

Onkel Ömer war außer sich vor Wut:

«Dieser Mustafa hat den Namen überhaupt nicht verdient! Nicht mal seinen Ziegen kann der Kerl Angst einjagen!»

Ohne Nachnamen konnten wir aber nicht ins Dorf zurück.

Da hatte Onkel Ahmed eine tolle Idee:

«Unsere Familie soll eben ‹Die Söhne des tapfersten Kriegers seit Attila› heißen.»

Nach zehn Minuten tauchte die Beamtin aus dem Ahnenbuch wieder hervor:

«Es tut mir leid, meine Herren. Auch dieser Name ist bereits vergeben. Und zwar an den Schuhputzer Ali Baba.» Onkel Ömer kriegte seine Krise:

«Bei Allah, dieser Ali ist der feigste Schuhputzer des Orients. Wie kann der diesen Heldennamen für sich in Anspruch nehmen?»

«Meine Herren, das ist immer so. Die Häßlichen nennen sich hübsch, die Fetten schlank und die Feigen tapfer, genauso wie ihr es auch macht.»

Ich konnte meine Onkels soeben davon abhalten, die Beamtin mit ihrem Ahnenbuch zu erschlagen.

«Onkel Ömer, wir können hier nicht weg. Ich will heute meinen Paß beantragen. Ich brauche unbedingt einen Nachnamen.»

Onkel Ömer war stinksauer:

«Das Buch sagt, daß alle wirklich ehrenvollen Namen schon vergeben sind. Wenn du Idiot unbedingt sofort einen Namen haben willst, dann nimm doch deinen Spitznamen: Osman Eselschänder.»

«Onkel, das ist eine gemeine Unterstellung. Zwischen mir und der Eselin gab es nie eine echte Beziehung. Außerdem wißt ihr alle, daß sie volljährig war!»

In dem Moment meldete sich die Beamtin wieder:

«Es tut mir leid, meine Herren. Aber die Namen Esel-, Kamel- und Ziegenschänder sind bereits alle vergeben.»

Onkel Ömer bestand aber auf seinem ehrenhaften Familiennamen, er sagte:

«Schauen Sie bitte mal unter ‹Ehrenvoller Elefantenschänder› nach!»

«Meine Herren, ich kann euch lediglich noch den ‹Ehrenhaften Kaninchenschänder› anbieten.»

Dieses Angebot ließ ich mir nicht entgehen. Ich rief: «Gut. Ich kaufe diesen ehrenvollen Namen!»

In Bed With Claudia Schiffer

Du verdammtes Lügenschwein! Deine letzte Stunde hat geschlagen, wir bringen dich um! Wir haben die Nase voll von deinen ewigen Lügen. Tod dem Osman Engin!»

Als meine Frau diesen anonymen Brief liest, wird sie kreidebleich.

Mit zitternder Stimme fragt sie: «Wer kann das bloß geschrieben haben?»

«Irgend jemand, der mich nicht mag», sag ich cool und souverän.

«Nein, die meinen nicht dich, sondern deine Satiren. Die schreiben doch was von ‹Lügenverbreiten›. Also sind sie sauer wegen deiner Satiren.»

«Es kommt aber auf das gleiche heraus, ob sie mich nicht mögen oder meine Satiren. Ob sie den Arbeiter Osman von Halle 4 umbringen oder den Satirenschreiber Osman, ist völlig egal. In beiden Fällen bin ich anschließend ziemlich tot.»

«Osman, du kapierst wieder nichts. Durch diesen Satz kommt eindeutig heraus, daß diese Kerle dich persönlich nicht kennen. Offensichtlich kennen sie nur deine Satiren», sagt Eminanim mit einer Pose, dagegen wären Columbo und Kojak nichts gewesen. «Wie oft habe ich dir gesagt, daß du gefälligst nichts Politisches mehr schreiben sollst. Was haben dir denn zum Beispiel diese armen Skinheads angetan?! Schreib doch mal was Anständiges wie ‹Dallas› oder ‹Klimbim›. Oder einen Arztroman. Das kann doch jeder.»

Ach, wie genieße ich diese Situation. Seit Monaten hat sich Eminanim überhaupt nicht um mich gekümmert. Ich freue mich ja so, daß sie sich endlich Sorgen wegen mir macht.

«Doch nicht wegen dir», sagt sie. «Wenn sie dich umbringen, dann muß ich am Ende gar selber arbeiten gehen. Und das bei diesen Arbeitslosenzahlen! Und dann müssen wir auch in eine andere Wohnung umziehen. Bei dem Wohnungsmangel kann ich mir nicht leisten, daß sie dich umbringen.»

«Das ist schön. Meine Familie ist also dafür, daß die Burschen mich nicht umbringen», sage ich.

«Im Prinzip ja», sagt sie. «Aber vorsichtshalber sollten wir auch die Kinder fragen.»

Vier meiner Kinder sind dagegen, daß ich umgebracht werde. Nur Hatice enthält sich der Stimme. Ihr ist es egal. Denn sie habe mich sowieso nicht als Vater aussuchen dürfen. «Allah gibt es, Allah nimmt es», sagt sie.

Ich danke meinen Kindern wegen der Abstimmung: ein phantastisches Ergebnis, ohne Gegenstimmen.

«Dann müssen wir nur noch herauskriegen, wer den Brief geschrieben hat», sagt meine Frau. «Ich bin dafür, daß wir Schriftproben nehmen.»

«Etwa bei allen 80 Millionen Deutschen?» frage ich.

«Du glaubst doch nicht, daß alle 80 Millionen Deutschen deine Bücher lesen. Wenn wir von deinen regelmäßigen Lesern ausgehen würden, kommen nur zwei Leute in Frage. Dein Arbeitskollege Karl und unser Nachbar Hasan.»

«Frau, ich finde deine gehässigen Sticheleien in solch einer gefährlichen Situation völlig unpassend. Hast du denn überhaupt keine Ehrfurcht vor der Bedeutung der Lage?»

«Gut, wir müssen anders an den Fall herangehen. Es gibt Leute, die scheiden als Verdächtige aus. Zum

Beispiel kommt der Herr Richard von Weizsäcker für mich als Täter nicht in Frage.»

«Soll das heißen, daß Helmut Kohl den Brief geschrieben hat?»

Ich werde verrückt! Meine Frau diskutiert seit Stunden mit mir, wie sie mich vor meinen Mördern retten kann. Ich genieße es. Es gibt doch noch Menschen auf dieser Welt, die Wert darauf legen, daß ich weiter unter ihnen weile. Auch wenn sich einige der Stimme enthalten.

«Osman, wir müssen deine Satiren genauer analysieren. Bei wem bist du in letzter Zeit angeeckt?»

«Ich glaube, es ist einfacher, herauszubekommen, bei wem ich nicht angeeckt bin.»

«Wie oft habe ich dir gesagt, daß du Liebesromane wie ‹Julia› oder ‹Baccara› schreiben sollst!»

«Für die Leser ist es doch sicherlich spannend, ob ich getötet werde oder nicht. Vielleicht werde ich dadurch weltberühmt.»

«Wenn du tot bist, nützen dir die zwei Leser mehr auch nicht viel. Aber du kannst nicht mehr allein aus dem Haus gehen. Wir müssen für dich Polizeischutz verlangen.»

«Ach was, lächerlich. Ich habe doch keine Angst vor diesen Kerlen.»

«Osman, willst du durch diese Morddrohung etwa so berühmt werden wie Salman Rushdie? Khomeini ist doch schon seit Jahren tot, er kann den Brief nicht geschrieben haben! Hast du ihn etwa selber geschrieben?»

Bei Allah, dieser Frau werde ich im Leben – wenigstens in diesem Leben – nie was vormachen können. Immer durchschaut sie mich. Aber ich sah keine andere Möglichkeit, wie ich sonst ihre Aufmerksamkeit auf mich hätte ziehen können. Es ist schon ein Armutszeugnis für einen Ehemann, wenn er von seiner Ehefrau nur dann beachtet wird, wenn man ihn umbringt. Meiner Frau gegenüber gebe ich das aber nicht zu. Von mir wird sie nicht erfahren, daß ich den Brief selber geschrieben habe.

«Wenn ich so was vorgehabt hätte, dann hätte ich mir doch gleich einen Molotowcocktail selber ins Wohnzimmer geworfen», sage ich, um ihre letzten Zweifel zu zerstreuen.

Da sie aber ganz ungläubig schaut, rede ich weiter: «Einen ganz kleinen Mini-Molotowcocktail ins Klo hätte ich aber werfen können.»

«Nein, Osman. Mehr als einen Knallfrosch traue ich dir nicht zu.» Sie läuft zu mir rüber und zieht mich vom Fenster weg. «Wie kannst du dich denn nur so unvorsichtig am Fenster zeigen?»

Sie glaubt mir also doch. Damals, kurz nach unserer Hochzeit, hatte sie mich auch immer vom Fenster weggezogen: «Osman, Liebling, du könntest dich erkälten!» Ich glaube, das war während der ersten elf Tage nach unserer Hochzeit.

Die Stimme meiner Frau holt mich in die Realität zurück: «Das Fotomodell Lisa wird von den Männern umschwärmt. Aber zu keinem hat sie eine engere Beziehung – die Enttäuschung durch ihren Stiefbruder, den berühmten Multimillionär und Frauenarzt Daniel, kann sie nicht vergessen. Er unterstellt ihr immer wieder, einen lockeren Lebenswandel zu führen. Eines Tages ließ er sich sogar hinreißen und nahm sie gewaltsam in seine Arme. Tief verletzt verließ Lisa, die ihn heimlich liebte, damals ihr Zuhause. Als sie sich nach sieben Jahren wiedersehen, spürt Lisa sofort, daß sie ihn nie vergaß.»

Ich glaube, meine Frau ist vor lauter Angst verrückt geworden. Mit sanfter, verständnisvoller Stimme ver-

suche ich, sie zu beruhigen: «Aber Eminanim, was ist denn los mit dir? Hab doch nicht soviel Angst wegen dem doofen Brief. Es wird schon alles gut werden.»

«Du Idiot! Du kapierst auch gar nichts! Ich hab dir nur die erste Seite aus einem ‹Julia›-Liebesroman vorgelesen. So etwas solltest du in Zukunft schreiben. Über das Fotomodell Lisa und ihren Stiefbruder Daniel. Und ihren lockeren Lebenswandel. Das sind Themen, die die Menschen bewegen. Und nicht so ein Schwachsinn wie Arbeitslosigkeit, Asylanten und Wohnungsnot.»

«Aber Frau, ich kenne das Fotomodell Daniel doch gar nicht. Und ihre Stiefschwester Lisa, die berühmte Frauenärztin, erst recht nicht. Wie soll ich denn über die schreiben?»

«Es ist doch egal. Du mußt ja nicht gerade über die beiden schreiben.»

«Ich kenne doch überhaupt gar keine Fotomodelle. Außer vielleicht Claudia Schiffer. Aber ich glaube nicht, daß sie mich kennt.»

In dieser Nacht schlafe ich seit Monaten wieder seelenruhig ein. Ein herrliches Gefühl, zu wissen, daß meine Ehefrau sich um mich sorgt. Und in meinem Traum sehe ich Claudia Schiffer als meine Ehefrau Julia. In meinem Harem habe ich auch andere Fotomodelle, aber an deren Namen kann ich mich nicht mehr erinnern. Ich glaube, eine hieß Baccara.

Am nächsten Tag wache ich wie neugeboren auf. Eine Nacht lang der Ehemann von Claudia Schiffer zu sein hat mir sehr gutgetan. Beim Aufstehen sehe ich, wie meine Frau Eminanim vom Fenster aus die Straße beobachtet. Sie ist kreidebleich: meine Frau – nicht die Straße. «Osman, ich habe die ganze Nacht kein Auge zumachen können.»

Ich weiß, daß es diesmal nicht an meinem Schnarchen lag. Ich bekomme Gewissensbisse. Einerseits, weil ich meiner Frau nicht so große Angst machen wollte, andererseits, weil ich die ganze Nacht mit Claudia Schiffer im Bett war. «Eminanim, ich muß dir was gestehen», sage ich voller Reue. «Ich selber habe diesen schrecklichen Brief geschrieben. Verzeih mir bitte, das habe ich nicht gewollt, daß du dich so aufregst!»

Die Geschichte mit Claudia Schiffer lasse ich unter den Tisch fallen. Zuviel Ehrlichkeit schadet Beziehungen, habe ich irgendwo gelesen.

«Osman, das ist lieb von dir, daß du mich trösten willst. Aber wir müssen uns mit den Realitäten abfinden. Hier, diesen Brief habe ich gerade selber vom Briefkasten abgeholt. Der Inhalt ist wieder der gleiche. Lies ihn doch selber.»

Bei Allah, das kann doch nicht wahr sein! Ich habe keinen zweiten Brief geschrieben! Ich verstecke mich blitzschnell im Kleiderschrank und schreie: «Frau, ruf die Polizei, Feuerwehr, Militär und CNN. Ich will unbedingt Polizeischutz!!!»

Mann über Bord

Wir stürzen ab!! Wir stürzen ab!!» schreit meine Frau verzweifelt. So schnell wir können, werfen wir alles über Bord. Trotzdem ist es nur eine Frage der Zeit, bis wir eine katastrophale Bruchlandung machen.

«Rede nicht soviel, wirf schon deinen Kaffee über Bord», ruft sie weiter. Dabei schmeißt sie ihre neuen Lockenwickler weg, um ein gutes Vorbild abzugeben. Der Fahrtwind weht uns eisig ins Gesicht. Wir müssen noch mehr Ballast abwerfen. Als nächstes müssen Hatices Mickey-Mouse-Hefte dran glauben. Hatice weint wegen ihrer Comics.

«Wenn du dich von mir trennen müßtest, dann würdest du bestimmt nicht so heulen», sage ich eingeschnappt, um das Drama auf mich zu lenken. Und um sie mit ihrer Elternliebe zu erpressen.

«Du bist ja auch nicht Donald», mault sie trotzig.

«Aber mit Onkel Dagobert hat er schon Ähnlichkeiten», sagt ihre Mutter, die ja gleichzeitig auch meine Frau sein soll. Auf dem Papier ist sie es jedenfalls. Auf dem Bett weniger.

Meine beiden aufmerksamen Leser werden jetzt sicher einwenden: «Wo kommen denn deine fünf Kinder her, Osman?» Dann sage ich nur: «Also, Heribert und Elfriede – so heißen meine beiden aufmerksamen Leser –, das waren damals noch Zeiten. Kurz nach dem Urknall.»

In der Zeit stürzen wir immer weiter ab. Wir müssen noch mehr Ballast abwerfen. «Hatice, mein Kind, auch ich muß Opfer bringen. Schau her, jetzt schmeiße ich meine Zigaretten weg.»

«Du hörst mit dem Rauchen nur auf, weil du durch dein ständiges Husten den Fernseher nicht mehr verstehst.»

Mein Verständnis für Töchtermörder steigt ins Unermeßliche. Hatice jammert weiter: «Ihr habt alle Süßigkeiten und dazu meine Kinderschokolade rausgeschmissen. Ich werde mich beim Kinderschutzbund beschweren.»

«Ich wollte immer eigenwillige und selbstbewußte Kinder haben. Bis ihr zwei Jahre alt wart. Als ich dann meinen Fehler eingesehen hatte, war es schon zu spät: Wir konnten euch nicht mehr abtreiben.»

«Wer zu spät abtreibt, den bestraft Hatice», sagt meine Tochter zynisch.

Zu allem Überfluß beschimpft mich meine Frau die ganze Zeit, daß ich auch meinen geliebten Ford Transit über Bord werfen soll.

«Wenn ich schon untergehen soll, dann mit ihm», stelle ich mich schützend vor mein armes Fahrzeug.

«Bist du denn mit dem Auto geboren worden?» schreit sie mich an. «Hängt deine Nabelschnur mit an der Karre?»

«Du hast von den Gefühlen eines modernen Mannes in der heutigen Zeit eben keine Ahnung. Was bin ich denn ohne mein Auto? Wie soll ich mich nur von meinem einzig wahren Freund trennen?»

Es wurde dann auch die schwerste Trennung meines Lebens. «Vielleicht war der Ford Transit ja mein unbekannter Zwillingsbruder, alt genug war er ja!» sage ich traurig zu meiner Frau.

«Häßlich genug auch!» sagt sie.

«Na ja, der TÜV war wenigstens schon längst abgelaufen», tröste ich mich.

«Noch eine Ähnlichkeit», stellt sie triumphierend fest.

Aber es hilft nichts! Wir stürzen immer weiter ab, egal, wieviel Ballast wir abwerfen. Die Kino- und Theaterkarten schmeißen wir auch weg. Zeitungen und Bücher haben schon längst dran glauben müssen. «Osman, wir stürzen ab! Die Wellen kommen immer näher! Steh nicht wie 'ne Vogelscheuche rum! Tu endlich was!»

Ich bewege mich demonstrativ, damit sie nicht am Ende auch noch mich über Bord wirft.

«Eminanim, sieh es ein, es hilft alles nichts», sage ich verzweifelt zu meiner Frau. «Wir schaffen es nicht, uns oben zu halten. Wir werden abstürzen. Oder sollen wir uns etwa gegenseitig über Bord werfen?»

«Gute Idee, warum nicht?» schreit sie hysterisch. «Deine Verwandten werde ich auf jeden Fall alle rausschmeißen!»

Kurz darauf fliegen meine armen Verwandten einer nach dem anderen raus. Aus Angst, ihnen folgen zu müssen, gebe ich keinen Ton mehr von mir. Enttäuscht stelle ich fest, daß ich nicht zum Helden geboren bin. Nie im Leben werde ich die Massen bewegen und begeistern können. Nicht mal durch Doping.

Wir sind schon so tief gesunken, daß wir das tobende Meer unter uns hören können. Wir schaffen es nicht mehr bis zum rettenden Land. Ballast zum Abwerfen haben wir nicht mehr. Je weiter wir sinken, desto länger wird die Ballastliste!

Wovon haben wir uns nicht alles getrennt: von Süßigkeiten, Kaffee, Zigaretten, Kino- und Theaterkarten, Zeitungen, Büchern, Lockenwicklern, meinem Ford Transit und den monatlichen Unterstützungen für meine Verwandten! All das und vieles mehr haben wir von der monatlichen Ausgabenliste gestrichen. Es brachte alles nichts ein. Gegen die ständige Mieterhöhung, die direkten und indirekten Steuern, die ver-

steckte hohe Inflation und die willkürlichen Sozialbei-
träge kommt meine tapfer kämpfende Lohntüte seit
Monaten nicht mehr an. Die Wellen der Armut klat-
schen erbarmungslos über uns hinweg. Ich und meine
Lohntüte ergeben uns dem Schicksal!

Der Herr erbarme sich meiner armen Lohntüte.

Das Rattenloch

Wann wollen Sie nun endlich ausziehen, Herr Engin?»

«Aber Herr Knüppel-Trödel, wie kommen Sie denn darauf?»

«In dem Beschwerdebrief, den Sie mir seinerzeit geschrieben haben, drohen Sie mir, daß Sie sofort ausziehen würden, wenn ich nicht umgehend die Mängel in Ihrer Wohnung beseitige.»

«Das stimmt, Herr Knüppel-Trödel. Aber diesen Brief habe ich vor neun Jahren geschrieben. Und Sie haben bisher nicht geantwortet.»

«Sie haben doch geschrieben, daß Sie sofort auszögen, weil man in dieser Feuchtigkeit hier nicht länger wohnen könne. Sie sagten, das Wasser laufe regelrecht die Wände runter.»

«Aber Herr Knüppel-Trödel, das ist doch kein Problem. Deswegen zieht man doch heutzutage nicht mehr aus. Unser Wasser, das die Wände runterläuft, ist bestimmt gesünder als das Wasser aus Ihrem Wasserhahn. In letzter Zeit sind doch alle möglichen Schadstoffe im Trinkwasser.»

«Und was ist mit den Ratten, die überall im Haus rumlaufen sollen?»

«Herr Knüppel-Trödel, gönnen Sie uns doch den Spaß! Wir dürfen doch sonst keine Haustiere halten! Die niedlichen Tierchen gehören mittlerweile alle zur Familie. Sie sind wie unsere gottgegebenen Kinder. Meine Tochter hat ihnen alle eigene Namen gegeben. Erst letzte Woche haben wir Herbert aus der Speisekammer mit Elfriede aus dem Keller kirchlich, ganz in

Weiß getraut. Meine Frau kann die kleinen Rattenenkel kaum noch erwarten.»

«Sie wollen mich wohl auf den Arm nehmen.»

«Nein, nein! Erst kürzlich habe ich versucht, unsere Ratte Ernie aus der Küche mit dem Rattenmädchen von unserem Nachbarn zu verloben.»

«Also Herr Engin, das darf doch nicht wahr sein!»

«Sie haben recht, ich glaube auch nicht mehr daran. Bei dem unverschämten Brautgeld, das unsere Nachbarn verlangen, werden sie ihr häßliches Rattenmädchen nie verheiraten können. Aber Herr Knüppel-Trödel, machen Sie sich keine Sorgen. Diesen Preistreibern geschieht das ganz recht. Da, schaun Sie, Herr Knüppel-Trödel, da läuft er gerade. Das ist unser Ernie. Nach der geplatzten Verlobung hat er sich vor Kummer drei Tage nicht blicken lassen.»

«Und was ist mit dem Briefkasten? Sie schreiben, in Deutschland hätte jede Hundehütte einen Briefkasten. Und in dieser Gesellschaft, in der der Briefkasten einen so hohen Stellenwert habe, daß einige große Firmen sogar nur aus einem Briefkasten bestünden, da können Sie beim besten Willen nicht länger in einer Wohnung ohne Briefkasten leben. Dann ziehen Sie doch aus, Herr Engin. Niemand hält Sie hier fest!»

«Aber wo denken Sie denn hin, Herr Knüppel-Trödel! Es gibt doch nichts Besseres als eine Wohnung ohne Briefkasten! Das ist doch das Beste, was einem in dieser inhumanen Gesellschaft, in der keinerlei menschliche Beziehungen existieren, passieren kann. Durch diesen Umstand haben wir alle unseren Postboten über die Jahre persönlich kennengelernt. Große Freundschaften sind entstanden. Dynastien wurden gegründet! Mit Postbote Waldemar und seiner Familie haben wir letztes Jahr gemeinsam Urlaub in Bottrop gemacht! Und mein Sohn Recep hat die Helga geheiratet, die jüngste Tochter von Herrn Schulz, der bis vor drei Jahren unser Postbote war. Sie sehen, Herr Knüppel-Trödel, diese Wohnung ist eine wahre Glücksschmiede für Lebewesen aller Art!»

«Und was ist mit dem Hund der alten Dame von nebenan, der jeden Tag bellt, und zwar genau jeden Abend um 20.00 Uhr, wenn die Nachrichten im Fernsehen laufen?»

«Zeigen Sie mir mal den Brief. Habe ich das wirklich geschrieben? Bei Allah, das waren noch mieterfreundliche Zeiten!»

«Herr Engin, hier in Ihrem Brief machen Sie mich für das Hundegebell mitverantwortlich. Sie erklären mich für mitschuldig, daß Sie ungebildet durch die Welt laufen müßten. Wo doch jeder Mensch – auch wenn er nur Mieter sei – ein Recht auf tägliche Information habe. Wenn Sie sich in dieser Wohnung in Ihrer Informationsaufnahme behindert fühlen, dann ziehen Sie doch einfach aus, Herr Engin!»

«Aber Herr Knüppel-Trödel, nach dem Tod der Oma nebenan haben Sie doch diese Zweizimmerwohnung vor vier Jahren an 16 Asylbewerber vermietet. Da drüben ist wirklich kein Platz mehr für einen Hund. Seitdem verstehe ich im Fernsehen nicht einmal mehr die Fußballübertragungen, geschweige denn die Nachrichten. Aber dadurch, daß diese Asylbewerber aus allen Ecken der Welt hierherkommen, werde ich jetzt aus erster Hand spitzenmäßig über das Weltgeschehen informiert. Herr Knüppel-Trödel, Ihr Haus ist wirklich eine kulturelle Schatzkammer.»

«Der Lärm von der Disko nebenan stört Sie doch auch sehr! In Ihrem Brief schreiben Sie, daß diese bescheuerte Musik und der Lärm der Besucher auf der Straße Sie bald in den Wahnsinn treiben würden. Sie schreiben: Entweder Disko oder ich! – Herr Engin, un-

ÖFFENTLICHE BETROFFENHEIT

sere deutsche Jugend hat das Recht, sich zu amüsieren und frei zu entfalten. Wenn Ihnen das nicht paßt, dann ziehen Sie eben hier weg! Basta!»

«Herr Knüppel-Trödel, das Problem habe ich inzwischen selber gelöst: Ich habe die Disko aufgekauft. Jetzt freue ich mich sogar über den Lärm auf der Straße. Je mehr Lärm, desto mehr Besucher. Und meine Frau hat dadurch seit zwei Jahren endlich wieder eine feste Stelle. Sie arbeitet als Diskjockey. Und die Ratte Ernie als Rausschmeißer. Abgesehen davon, Herr Knüppel-Trödel, kennen Sie die neueste Scheibe von MC Hammer? Das Gerät ist wirklich der Hammer. Voll geil, ey!»

«Soll das etwa heißen, daß meine Tochter seit Monaten in dem Laden von Ihnen rumhängt? Herr Engin, schicken Sie mein Kind in Zukunft bitte etwas früher nach Hause.»

«Herr Knüppel-Trödel, unsere deutsche Jugend hat das Recht, sich zu amüsieren und frei zu entfalten!»

«Herr Engin, Ihre kaputten Fenster und die Heizung habe ich seit neun Jahren nicht mehr repariert. Damals schrieben Sie mir, wenn die Reparaturen nicht sofort gemacht würden, dann müßten Sie entweder ausziehen oder erfrieren. Ich sehe, Sie sind immer noch nicht erfroren. Also ziehen Sie endlich aus.»

«Herr Knüppel-Trödel, Sie haben mir zum Glück verholfen. Weil sich unsere Wohnung jeden Winter in eine einzige Eissporthalle verwandelt, fing meine ganze Familie mit dem Schlittschuhlaufen an. Gemeinsam mit allen Verwandten haben wir eine vollständige Eishockeymannschaft auf die Beine gestellt. Wir sind das einzige komplett ausländische Profiteam, das in der Eishockey-Bundesliga spielt. Hier, Herr Knüppel-Trödel, ich schenke Ihnen zwei Karten auf der Ehrentribüne für unser nächstes Heimspiel gegen den SC Rosenheim. Dank Ihrer Wohnung haben wir uns perfekt vorbereitet. Olé, olé, olé, wir hauen den Bayern die Hucke voll. Olé, olé, olé, gegen die machen wir mindestens zwei Dutzend Tore. Herr Knüppel-Trödel, für die Mannschaft wäre es eine wirklich große moralische Hilfe, wenn Sie als Eigentümer und Sponsor der Eissporthalle unser Team persönlich anfeuern würden. Olé, olé, olé, Herr Knüppel-Trödel, schauen Sie doch mal nächsten Sonntag mit Ihrer Frau herein. Sie müssen nur die La-Ola-Welle gut beherrschen! Olé, olé, olé!»

«Trotz alledem, ich will, daß Sie sofort ausziehen. Widerstand wäre zwecklos, ich bin gut organisiert. Ich bin Mitglied im Hausbesitzerverband.»

«Herr Knüppel-Trödel, Sie schätzen die Verhältnisse falsch ein. Ich bin stellvertretender Vorsitzender des deutschen Tierschutzbundes. Ich fungiere als Pressesprecher von Pro-Asyl. Ich bin Geschäftsführer des Norddeutschen Diskothekenbesitzerverbandes. Ich arbeite als ehrenamtlicher Generalsekretär der Postgewerkschaft. Dazu bin ich noch ständiges Mitglied beim deutschen Eishockey-Verband. Ich bin besser organisiert als Sie.»

Schnell wie die Feuerwehr

Feueer, Feueer, Hilfeee, es brennt!»
Ich schreie so laut, wie ich kann. Aber anscheinend
hört mich niemand. Das liegt zum Teil wohl auch
daran, daß wir bereits vier Uhr nachts haben und daß
einige Leute um diese Zeit zu schlafen pflegen.

«Feueer, Feueer, wacht auf, es brennt!»

Ich darf die Leute doch wecken, wenn ihre ganze
Siedlung abbrennt?! Oder? Ich darf schon, aber die
Idioten hören mich nicht.

«Es brennt, es brennt!»

Ich wittere meine Chance, morgen von der gesamten
Tagespresse als großer Held gefeiert zu werden, wenn
ich es schaffe, das Flammenmeer ganz alleine zu löschen.

Aber ich merke sehr schnell, daß hier ohne Wasser
nichts zu machen ist. In meiner Panik fange ich an, alle
Türklingeln in der Wohnsiedlung gleichzeitig zu läu-
ten. Eine müde Männerstimme meldet sich über die
Türsprechanlage.

«Was ist los, wissen Sie eigentlich, wie spät es ist?»

«Es brennt, es brennt», brülle ich ihm entgegen.
«Wachen Sie auf, retten Sie sich und Ihre Familie! Bitte,
tun Sie doch et . . .»

«Klacks!»

Dieses ekelhafte Geräusch kennt jeder Wohnungssuchende ganz genau: ein mitten im Gespräch aufgeleg-
ter Telefonhörer. Ich drücke auf zehn weitere Klingeln.

«Du Penner, was klingelst du so bescheuert um
diese Zeit?» höre ich diesmal eine etwas verärgerte
Männerstimme.

«Wachen Sie auf, rufen Sie die Polizei, die Feuerwehr und meine Freunde von Presse, Funk und Fernsehen», schreie ich, so laut ich kann. «Es brennt, es brennt. Feueer!»

«Und wegen so einem Schwachsinn weckst du mich, du Idiot!»

«Aber das Feuer!»

«Klacks!»

Ich lasse mich nicht entmutigen in meinem selbstlosen Kampf, die Menschheit vor dem Flammentod zu bewahren. Heldenhaft drücke ich auf die nächste Klingel, die ich erwischen kann. Diesmal meldet sich eine wütende Frauenstimme.

«Wo warst du, Mistkerl? Du wagst es, erst jetzt nach Hause zu kommen? Ich laß mich scheiden, gleich morgen früh! Damit du Bescheid weißt, du Schwein!»

«Nein, nein! So hören Sie doch, es brennt, es brennt! Außerdem will ich mich gar nicht scheiden lassen.»

«So ist es also! Der Kerl schickt jetzt auch noch jemand anderen. Du kannst ihm gleich bestellen, daß er überhaupt nicht mehr zu kommen braucht. Ab morgen kann er sich mit meinem Anwalt über unsere Scheidung unterhalten.»

«Feueer, Feueer!»

«Klacks!»

Nachdem ich auf alle Klingeln mindestens zehnmal gedrückt habe, renne ich wieder zum brennenden Müllcontainer. Das ist nur eine Frage der Zeit, bis der Funke auf den Wohnblock rüberspringt. Gleich danach steht die ganze Straße in Flammen. Wenig später brennt die gesamte Stadt. Und nicht lange danach brennt ganz Deutschland. Mit aller Kraft versuche ich, den Deckel vom Müllcontainer zu schließen, um das Feuer zu ersticken. Plötzlich geht im achten Stock ein Licht an, und ein alter Mann schaut heraus.

«Rufen Sie die Feuerwehr und die Polizei! Und vergessen Sie nicht die Zeitung anzurufen. Informieren Sie auch die gesamte Presse und insbesondere die CNN.»

Ich sehe die Schlagzeilen von morgen vor mir:

«Osman, der Retter von Deutschland!»

Seit 30 Jahren arbeite ich nun schon in Halle 4! Niemand nahm bisher Notiz von mir. Aber ab heute ist alles anders. Heute ist mein Schicksalstag! Ich werde berühmter sein als die Beatles, Jesus und Oma Fischkopf zusammen. Der Bundeskanzler wird mir persönlich gratulieren und sagen:

«Herr Engin, Sie haben ganz Deutschland vor dem Untergang gerettet, wie kommen Sie denn dazu?» Dann fängt er an zu schimpfen: «Ich hatte mir solche Mühe damit gegeben!»

«Ta tüüü ta tüü taaaa...»

Die Feuerwehrsirene macht mir bewußt, daß ich auf das Gespräch mit diesem unserem Kanzler noch einen Tag warten muß. Zwei Feuerwehrmänner kommen mit müden Schritten auf mich zu.

«Wer hat uns aufgeweckt..., ich meine, wer hat uns angerufen?» fragt der Mann mit dem großen Protokollheft.

«Das wird wohl der Opa von oben gewesen sein. Ich habe bei ihm geklingelt.»

«Wer sind Sie? Wie ist Ihr Name? Warum haben Sie das Feuer gelegt? Haben Sie Komplizen? Seit wann arbeiten Sie als Brandstifter?»

«Mein Name ist Osman, aber das Feuer wird immer größer, sehen Sie doch!»

«Eins nach dem anderen. Wie heißen Sie weiter, Sie Brandstifter, Sie!»

«Osman Brandstifter... das Feuer, das Feuer! Sehen Sie doch, es brennt immer mehr. Ich habe schon versucht, den Deckel selber zuzumachen», stottere ich. Der Protokollführer in Feuerwehrverkleidung sagt zu seinem Nebenmann:

«Hast du das gehört, Hans, er hat alleine versucht, den Deckel zuzumachen. Er hat wohl jetzt ein schlechtes Gewissen.»

Hans wird richtig böse: «Was mischen Sie sich in unsere Angelegenheiten ein? Wissen Sie nicht, daß Dekkelzumachen unsere Aufgabe ist?! Wozu sind wir denn sonst Feuerwehrleute!»

«Ah, Sie arbeiten auch als Feuerwehrmann, Herr Protokollführer?» frage ich überrascht. «Was ist denn Ihr Hauptberuf?» frage ich neugierig weiter.

«Ruhe jetzt! Die Fragen stelle ich! Wo wohnen Sie?»

«Aber das Feuer, Herr Protokollführer! Es brennt doch, wollen Sie nicht erst mal das Feuer löschen?»

«Ordnung muß sein. Alles zu seiner Zeit. Wir sind erst bei Frage Nummer 18. Und das alles brauchen wir in fünffacher Ausfertigung. Hans, schließ mal das Stromaggregat für den Fotokopierer an.»

«Toll, ihr seid ja wirklich so schnell wie die Feuerwehr..., beim Protokollausfüllen!»

In dem Moment geht die Tür auf, und der alte Mann kommt im Pyjama auf die Straße. Mit einem Eimer Wasser läuft er zum Müllcontainer. Hans und der Protokollführer werfen sich ihm energisch in den Weg:

«Was wollen Sie? Wo wollen Sie mit dem Wasser hin? Warum haben Sie das Feuer gelegt? Haben Sie Komplizen? Seit wann arbeiten Sie als Brandstifter?»

«Was ist los? Ich will doch nur das Feuer löschen.»

«Tun Sie nichts Unüberlegtes! Sie dürfen sich da nicht einmischen. Das ist unsere Aufgabe.»

«Ich habe das Wasser die ganzen acht Stockwerke heruntergetragen. Wenn ich es nicht darf, dann machen Sie doch damit das Feuer aus.»

WIR MÜSSEN UNS MEHR MIT UNSERN AUSLÄNDISCHEN MIT-BÜRGERN ZUSAMMEN SETZEN!

«Tut mir leid, das ist nicht erlaubt. Dafür haben wir unser eigenes Wasser mitgebracht.»

«Vor meiner eigenen Tür brennt es, und ich darf es nicht löschen! Was soll ich denn mit dem Eimer Wasser hier nun machen?» fragt der alte Mann verzweifelt.

«Bringen Sie das Wasser doch wieder nach oben!»

«Die ganzen acht Stockwerke?»

«Von mir aus können Sie den Eimer auch einfach austrinken. Wir dürfen jedenfalls beim Feuerlöschen kein Wasser von fremden Personen benutzen. Alles muß seine Ordnung haben.»

«Bitte, lassen Sie mich doch nur diesen Eimer Wasser auf das Feuer schütten. Ich hole auch ganz bestimmt kein Wasser mehr nach. Wenn ich den vollen Eimer wieder ganz nach oben tragen muß, dann sterbe ich an Herzschlag.»

«Das macht nichts, wir haben bereits einen Krankenwagen verständigt. Es wird alles seine Ordnung haben.»

Bei diesen Worten flippe ich völlig aus. Drei Sekunden lang überlege ich mir, ob ich nicht ganz Deutschland mit seinen Protokollen, seiner Bürokratie und all seinen Abführmitteln verbrennen lassen sollte. Verdient hätte es das ja schon. Doch dann entscheide ich mich anders. Ich pfeife auf die Bürokratie. Ich schnappe mir den Eimer Wasser und schütte ihn unter den entsetzten Blicken der Feuerwehrleute auf das Feuer. Dann ergebe ich mich mit erhobenen Händen der Polizei, die gerade den Tatort umzingelt hat.

«Verhaften Sie mich! Ich bin mir meiner Schuld bewußt! Ich gestehe alles: Ich habe ohne schriftliche Genehmigung der zuständigen deutschen Behörde ein fremdes Feuer mit einem fremden Eimer Wasser eigenhändig erwürgt!»

Der Beamten-Reggae

Als ich heute von der Frühschicht nach Hause komme, grinst meine Frau mich ganz hinterhältig an. «Du, Osman, ich habe ein ganz tolles Spiel gelernt. Wie wär's, sollen wir es mal spielen?»

Obwohl ich reichlich müde von der Arbeit bin, sage ich vorsichtshalber ja. Man sollte die zweitgrößte Nervensäge des Mittleren Orients nicht grundlos reizen.

«Oh, du mein geliebtes Weib, verrate mir doch, wie denn das neue Spiel aussieht. Ich kann's kaum erwarten.»

«So neu ist es nun auch wieder nicht. Du kennst es eigentlich auch ziemlich lange.»

Ich überlege krampfhaft, welches Spiel sie eigentlich meint. Aber meine Frau antwortet mir schon nicht mehr. Sie ist gerade dabei, ihre 63. Rastalocke vor dem Spiegel zu flechten. Sie hat im zarten Alter von 49 Jahren einen gewissen Bob Marley entdeckt. Seit vier Wochen hört man bei uns zu Hause nur noch diesen Bob Marley: «Ei schat the Scheriff.» Wenn das noch lange so weitergeht, werde ich ihn auch erschießen.

Während sie verbissen an ihrer 74. Rastalocke rumfummelt, fragt sie: «Weißt du eigentlich, mit wem ich mich heute auf dem Spielplatz unterhalten habe? Mit der Mutter von dem kleinen Olaf, der mit unserer Hatice zusammen im Kindergarten ist. Aber du kennst die Frau Schmidt auch selber. Sie arbeitet im Postamt nebenan.»

«Du meinst doch nicht etwa diese lahmarschige Kuh, bei der ich am Schalter immer drei Stunden warten muß, bis ich meine Briefe in die Türkei los werde?»

«Osman, weißt du eigentlich, daß die Beamten alle gegen die 35-Stunden-Woche sind? Frau Schmidt hat mir das gesagt.»

«Nein, warum sind sie denn dagegen?»

«Na, weil die Beamten ihre 40 Stunden Schlaf in der Woche dringend brauchen.»

«Frau, das ist schamlos übertrieben. Als ich letzte Woche auf dem Postamt war, waren mindestens zwei Beamte wach.»

«Dann mußt du in der Mittagspause dagewesen sein oder kurz vor Feierabend.»

Sie ist schon wirklich bösartig, die Zweitgrößte. Ein Glück, daß unsere Kinder mir ähnlich sind. Ihrem Vater. Dem guten, liebevollen, netten, freundlichen, zärtlichen und schönsten Osi aller Zeiten.

Sieben Rastalocken später frage ich: «Frau, wann bekomme ich heute endlich meinen Tee?»

«Tee gibt's in der Küche, hol ihn dir», sagt sie und dreht sich genüßlich eine Zigarette aus grünem Tabak.

«Oh, Allah, gib mir Geduld mit dieser Feministin», sage ich ganz leise und gehe in die Küche, um mir meinen Tee selber zu holen. Seit Jahren trinke ich nur türkischen Tee. Genaugenommen seit jenem Tag, an dem unser türkischer Minister öffentlich erklärt hatte: «Radioaktiv angereicherter Tee steigert die Männlichkeit.» Wenn ich mich so ansehe, kann ich dem Mann nur recht geben.

Während ich laut schlürfend meine Männlichkeit steigere, klingelt es an der Tür. Kurz darauf noch mal. Aber meine Frau macht keine Anzeichen, zur Tür zu laufen.

«Es hat geklingelt», rufe ich.

«Dann mach doch auf», ruft sie zurück.

Doch, doch! So was gibt's wirklich. Mindestens einmal pro Monat ist sie so drauf. Ich brauche jetzt nur ein

Wort zu sagen, und dann legt sie voll los: «Du liebst mich nicht. Du hast mich nie geliebt. Du bist ein schlechter Ehemann. Warum habe ich dich nur geheiratet. Heute ist Donnerstag, der Siebzehnte...»

Was sie mit dem letzten Satz sagen will, habe ich noch nie rausgekriegt. An so einem Tag sagt man am besten gar nichts und macht die Tür selber auf.

Drei Reggaeplatten später traue ich mich, meine Frau noch mal anzusprechen, um die Stimmung etwas aufzulockern: «Du, Eminanim, wir wollten doch vorhin was zusammen spielen!»

«Du meinst das Spiel, das mir Frau Schmidt beigebracht hat?»

«Ja, ja, das meine ich.»

«Aber Osman, du hast das Spiel doch heute schon mehrmals verloren.»

«Wann, wieso, was haben wir denn gespielt?»

«Das berühmte Beamtenspiel: Wer sich zuerst bewegt, hat verloren.»

Die 7-Pfennig-Katastrophe

Meine Frau wühlt im Papierkorb herum und fischt einen Zettel heraus. Dann schaut sie mich wütend und vernichtend an und fragt:

«Osman, was ist das hier?»

«Das ist Abfall», kann ich nicht sagen. Dann wird sie nämlich noch wütender. Ich versuche von weitem herauszubekommen, was für einen Zettel sie da in der Hand hat. Habe ich etwa aus Versehen unsere Heiratsurkunde in den Müll geschmissen?

«Osman, ich hab dich was gefragt, was ist das hier?» schreit sie mich zum zweitenmal an.

Keine Angst, liebe Leser! Sie kann mich so oft anschreien, wie sie will. Ich verspreche euch, ich werde mich von der zweitgrößten Nervensäge des Mittleren Orients trotzdem nicht noch einmal scheiden lassen. Dafür ist der Druck der Öffentlichkeit auf mich zu groß. Um euch glücklich zu sehen, bin ich bereit, bis zu meinem Tode qualvoll zu leiden. Nur damit ihr euren Spaß habt, wird mein trauriges Herz keine glückliche Sekunde mehr erleben. Wie ein Stück Holz, das auf den Wellen des weiten Ozeans treibt, so werde ich durchs Leben gleiten, ohne einen Funken Fröhlichkeit. Ohne Hoffnung auf Liebe werde ich verdorren, wie eine zarte Rose in der Sonnenglut der Wüste!

«Osman, ich spreche mit dir, was soll das hier!»

Weil ich ja immer noch so doof durch die Gegend gucke, beantwortet sie sich ihre Frage selber:

«Das ist die Jahresabrechnung von den Stadtwerken. Hier steht, daß wir vom letzten Jahr noch ein Guthaben besitzen, das wir sofort abholen sollen.»

«Ach so, Eminanim, das meinst du! Ich weiß, wir haben ganze sieben Pfennig Guthaben. Soll ich allen Ernstes für sieben Pfennig zur Bank gehen? Die Leute würden mich ja auslachen, weil ich dort einen Scheck über sieben Pfennig einlösen will.»

«Herr Osman Engin (die Anrede ist ein Zeichen dafür, daß sie langsam böse wird), es geht nicht um diese sieben Pfennig. Es geht ums Prinzip! Durch das Nichtabholen des Guthabens blockierst du die ganze deutsche Bürokratie. Du bist doch nicht in der Türkei.»

Ob sie vielleicht recht hat? Die Frau hat sich hier in Deutschland jedenfalls schneller angepaßt als ich. Es war aber niemals mein Wille, die gesamte Bürokratie des frisch vereinigten Deutschlands zu blockieren.

«Du weißt doch, was mit Hasans Familie damals passiert ist», sagt sie weiter, «die wurde wegen irgendeiner Geschichte von 34 Pfennig ausgewiesen.»

Jetzt erst fange ich an, den Ernst meiner Lage zu kapieren.

«Wie kannst du mit der Zukunft meiner Kinder spielen? Was für ein Rabenvater bist du eigentlich?!»

Ich sage nichts! Ich bin mir meiner Schuld bewußt!

«Wir müssen dem Himmel dankbar sein, daß sie uns immer noch nicht Wasser, Telefon, Strom, Gas und Quellekatalog abbestellt haben. Ich könnte es gut verstehen, wenn ich bedenke, was du den Leuten so alles angetan hast. Die Stadtwerke haben ihr Gesicht verloren. Wie stehen die denn jetzt vor ihren Verwandten da?!»

· Ich bin stumm! Ich bin mir meiner Schuld bewußt!

«Womit nimmst du dir eigentlich das Recht, das gesamte Computersystem der Stadtverwaltung zu blockieren? Die ganzen Verwaltungen hängen doch zusammen. Wenn du eine Stelle blockierst, bleiben die anderen auch stehen!»

«Das alles wegen meiner sieben Pfennig?»

«Ja, du Idiot. Du denkst wieder mit deinem orientalischen Kopf. Hier steht, daß heute der letzte Tag für die Abholung ist.»

«Frau, meine Schuhe, schnell!»

Ich rufe gleich ein Taxi.

«Fahren Sie so schnell Sie können zur Bank», sage ich dem Taxifahrer, «es geht um Leben und Tod!» So was werde ich nie wieder einem Taxifahrer sagen. Ich steige grün wie ein Frosch aus dem Auto. Ich bezahle 19 Mark 30 für die Fahrt und gebe 70 Pfennig Trinkgeld. Dieser Kamikazefahrer erhält genau das Zehnfache von dem Geld, um das es geht, und er bedankt sich nicht einmal. Ich schmeiße mich mit voller Kraft gegen die Tür der Bankfiliale, aber sie öffnet sich nicht. Und ich werde rückwärts auf die Straße geschleudert. Ich muß wohl genau zwei Minuten zu spät gekommen sein. Ich trommele mit beiden Fäusten auf der Tür rum und schreie wie wild:

«Ich will meine sieben Pfennig! Ich will meine sieben Pfennig!»

Der Taxifahrer hat Erbarmen mit mir und fährt mich für meine restlichen 30 Mark zu den Stadtwerken.

Aus dem Taxi beobachte ich, wie Deutschland langsam in Schutt und Asche fällt. Die sieben Pfennig zeigen ihre Wirkung. Alle Ampeln spielen verrückt. Rechts und links sehe ich einen Unfall nach dem anderen. Die Häuser zerfallen. Der Himmel bewölkt sich, und Helmut Kohl wird wiedergewählt.

Als wir an unserer Straße vorbeifahren, mache ich mir Sorgen, ob die Leute von der Ausländerbehörde schon da sind, wegen unserer Abschiebung. Aber es sind keine Polizeiautos zu sehen. Vermutlich sitzt meine Familie bereits im Flugzeug nach Istanbul.

Gebissenloser Frauenmörder

Die Tomaten heute nur drei Mark vierzig! Greifen Sie zu! Knackige Gurken, knackige Gurken!»

Durch die Schreie der Verkäufer auf dem Gemüsemarkt lasse ich mich überhaupt nicht ablenken, ich verfolge weiterhin konsequent diese blonde Frau. Ich lasse sie nicht aus den Augen und versuche sie einzuholen. Hoffentlich sieht mich keiner, wie ich einer fremden Frau hinterherlaufe. O Gott, ist das aufregend!

Wie gern hätte ich eine Ehefrau gehabt wie die im Fernsehen. Die nichts anderes tut, als ständig zu grinsen und von morgens bis abends ihren Schwiegereltern vom neuen blöden Aroma in ihrem neuen blöden Kaffee zu erzählen. Was macht statt dessen meine Frau, die zweitgrößte Nervensäge des Mittleren Orients?! Sie baut um ihren Teller am Eßtisch einen hohen Zaun aus massiven Stahlplatten, um ihren Suppenteller vor plötzlich heranfliegenden Zähnen zu schützen. Und das nur, weil ich während des Essens einige Male husten mußte. Was kann ich dafür, daß dann mein Gebiß wie gezielt in ihrem Suppenteller landet?!

Die hübsche Blondine, die ich heute verfolge, geht an einen Obststand. Wie soll ich sie nur ansprechen? Soll ich es ihr beichten? Ob sie wohl Verständnis für meine Bedürfnisse hat? Würde sie mir geben, was ich von ihr will: und das hier am Gemüsemarkt, vor allen Leuten?!

Die blonde Frau merkt plötzlich, daß ich sie verfolge. Sie wird unruhig und versucht mich abzuhängen. Mag sie mich etwa nicht?! Auf jeden Fall fängt sie an zu rennen. Während ich ihr hinterherlaufe, verliere ich aus meiner Tasche zwei Äpfel, drei Tomaten und reiße vier Gemüsestände um.

«Haltet den Dieb», höre ich die Verkäufer hinter mir herschreien. Eine mir sehr bekannte, nervige Frauenstimme dringt in mein Ohr:

«Osman, du Triebtäter! Du Frauenschänder! Wehrlose Frauen auf dem Gemüsemarkt zu belästigen, schämst du dich denn gar nicht?!» höre ich meine Frau hinter mir schreien.

Habe ich denn nicht mal auf dem Gemüsemarkt Ruhe vor ihr? denke ich und stottere:

«Aber Frau..., ich meine..., keine schlechten Absichten... und so... Ich muß die Frau haben... ich brauche sie unbedingt...»

«Ich habe bereits heute morgen gewußt, daß du schlechte Absichten hast. Und ich sagte noch, Osman, laß dein Gebiß zu Hause. Wozu brauchst du schon Zähne auf dem Gemüsemarkt? Ich hab's geahnt, du willst nur jungen Frauen nachlaufen. Deswegen hast du deine Zähne mitgenommen.»

«Aber liebes Weib, so was würde ich niemals machen. Du kennst mich doch!»

«Gerade deswegen ja!»

«In der Ehe pflegt gewöhnlich einer der Dumme zu sein. Nur wenn zwei Dumme heiraten – das kann mitunter gutgehn!» Dieser Tucholsky weiß, warum meine Ehe nicht funktioniert: Eminanim ist eben zu intelligent!

Oh, wie gerne hätte ich eine Ehefrau gehabt wie die im Fernsehen. Die herrlich dumm aus der Wäsche guckt und sich den ganzen Tag darüber freut, daß ihre Hände in dem neuen Spülmittel mit Sonnenschutzfaktor 24 so weich und glitschig bleiben. Und daß sie mit dem neuen Spülmittel unter Umständen sogar drei Tassen mehr sauber kriegt. Eine Frau, die mit strahlenden Augen ihren Verwandten erzählt, daß sie deswegen der glücklichste Mensch auf Erden sei.

Plötzlich steht die Blondine, die ich die ganze Zeit verfolgt hatte, hinter meiner Ehefrau und zieht sie hastig weg von mir: «Kommen Sie schnell weg, der Kerl ist gemeingefährlich. Mich wollte er auch schon vergewaltigen und umbringen. Ich bin mir sicher, das ist dieser Frauenmörder, der gestern in der Zeitung stand.»

«Ja, glauben Sie wirklich?» fragt meine Frau hoffnungsvoll.

«Ja, ich glaube schon. Kommen Sie schnell weg!»

«War der Frauenmörder in der Zeitung auch von männlichem Geschlecht?» fragt meine Frau hinterhältig.

«Ja, ja, da bin ich ganz sicher!»

«War der Mörder einer von diesen ganz Perversen? So einer mit zwei Beinen, auf jeder Seite ein Arm und bösen Augen im Kopf?!» fragt Eminanim weiter.

«Ja, er war so ein Perverser!»

Meine Frau ruft triumphierend:

«Du bist überführt, Osman! Jeder Widerstand ist zwecklos. Alles, was du jetzt sagst, kann gegen dich verwendet werden.»

«Was ist daran neu?» frage ich verzweifelt. «So läuft es doch ab, seitdem wir verheiratet sind!»

«Aber ich glaube, der Mörder hatte irgendwie mehr Zähne im Mund», meint die Blondine etwas unsicher.

«Das ist doch der Grund. Keiner versteht mich ohne Zähne», lispele ich weinerlich. «Bitte, geben Sie mir doch endlich meine Zähne zurück!»

«Hauen Sie doch ab, Sie Perverser! Ich bin doch nicht Ihr Zahnarzt!»

«Mein Gebiß liegt in Ihrem Einkaufskorb! Während

ich Petersilie kaufte, mußte ich husten, da flogen sie raus. Und Sie waren schon weg, bevor ich mich von meinem Schock erholt hatte. Es ist mir schrecklich peinlich: eine fremde Dame mit meinen Zähnen in ihrem Korb!»

Die Frau zieht mit einem Taschentuch mein Gebiß aus ihrem Einkaufskorb hervor. Bei Allah, endlich, meine Unschuld ist erwiesen.

«Ah, da sind Ihre Zähne ja wirklich! Die hätte ich aber auch gut gebrauchen können. Mein Vater hat auch keine eigenen Zähne mehr. Das wäre ein tolles Geburtstagsgeschenk geworden», meint sie diesmal freundlich lächelnd.

Da geht meine Frau eifersüchtig dazwischen:

«Hör mal zu, du Schlampe! Wenn du schon mit dem Gebiß von meinem Mann durchbrennst, dann nimm gefälligst den Rest von dem Kerl auch noch mit!»

Heilt Hitler

Seit Tagen schleppe ich diesen Einladungsbrief mit mir rum; so wie eine türkische Mutter ihre fünf Kinder. Der Vorsitzende der Republikanischen National Union, eine von diesen vielen rechten Parteien, die sich neuerdings vermehren wie südländische Karnikkel, will sich mit mir treffen. Diese neofaschistischen Parteien haben Zulauf wie billige Kaufhäuser beim Sommerschlußverkauf.

Ich weiß nicht recht, ob ich mich wegen dieser Einladung schämen muß oder schämen soll. Meine Frau ist jedenfalls total dagegen, daß ich mich mit diesen Leuten treffe. Sie hat Angst, die Ehefrau einer Packung Bio-Seife zu werden. Ich erinnere mich aber an ein Luxemburger Sprichwort, daß Freiheit immer die Freiheit der Andersdenkenden sei, und beschließe deswegen die Einladung anzunehmen. Aber meine Goldzähne lasse ich vorsichtshalber doch zu Hause. Man kann ja nie wissen!

Als meine Frau und ich das Gebäude der Republikanischen National Union betreten, empfängt uns der Ortsvorsitzende in einer hübschen Uniform. Als ich ihn vor mir sehe, habe ich große Schwierigkeiten, meine Schadenfreude zu verstecken. Allah hat ihn doppelt bestraft. Zum einen ist er mindestens genauso häßlich wie ich, zum anderen auch noch Faschist. Welch ein Schicksal!!

Er führt uns in einen halb verdunkelten Raum. Ich schaue mich um und sehe hinter dem Tisch einen alten Bekannten. Ich reibe mir verwirrt die Augen, beiße mir auf die Lippen und schaue noch mal hin. Doch, das ist er leibhaftig. Er, der Stolz aller aufrechten Massenmörder: Adolf Hitler. Die Eva Braun sitzt neben ihm im Schaukelstuhl.

Ich beuge mich zu meinem Wegweiser und flüstere ihm ins Ohr: «Ich dachte, der kommt aus der Hölle nie wieder raus. Der müßte doch einen Logenplatz dort unten haben!»

Als der Ortsvorsitzende mich mit wütenden Augen anblitzt, merke ich, daß er doch nicht der Richtige ist, mit dem ich über Hitler lästern kann. Was soll ich denn eigentlich hier, wenn ich nicht mal anständig lästern darf?!

«Na, wen haben wir denn da?» fragt Hitler.

«Ich bin der Osman. Sie können mich ..., ich meine, du kannst mich ..., ihr könnt mich mal. Ich meine, ihr könnt mich auch Iso nennen, oder Osi», stottere ich und versuche meinen Körper unter Kontrolle zu bringen, dem aus Angst alle Teile zittern.

«Der Göring hat gesagt, daß du so was wie ein Türke bist. Stimmt das?»

«Nein, das ist eine Lüge», rufe ich. «In der Türkei sagen sie zu mir immer Deutschling. Außerdem, Herr Adolf, wir haben doch beide schwarze Haare. Und so ein niedliches Schnurrbärtchen wäre für mich auch kein Problem. Und keiner kann besser als ich ‹Heil Hitler› schreien. Auch ‹Deutschland den Deutschen› und ‹Ausländer raus›. Nicht mal Hübschhuber und Göring zusammen.»

Er fragt den Mann neben sich: «Habt ihr auch an passende Grundstücke gedacht für die neuen KZ oder ‹Sammellager›, wie man auf neudeutsch sagt?»

«Natürlich, mein Führer! Und die Öfen der 90er haben wir hochmodern geplant. Mit solargetriebenen Akkordbändern, Mikrowelle und doppelten Abgasfiltern. Und Recycling haben wir als Grundprinzip schon lange ins Parteiprogramm mit reingenommen. Wir werden sie nicht einfach vergasen, sondern in ihre Bestandteile zerlegen und als Ersatzteile wieder benutzen.»

«Wie viele Ausländer und Kommunisten gibt's denn seit meiner Säuberung schon wieder?» fragt Hitler mich plötzlich.

«Also ich, meine Frau, meine vier Kinder, unser Nachbar Ahmet, seine Frau, seine Schwiegermutter, sein Schwager...»

«4,5 Millionen Ausländer», brüllt der Neofaschist an meiner Stelle, «davon 1,5 Millionen Türken, und außer den Kommunisten gibt es jetzt auch noch die Grünen. Die Sozis kennen Sie ja noch von früher, mein Führer! Aber die Zeiten haben sich geändert: die besten Faschisten wurden in letzter Zeit in kommunistischen Ländern gezüchtet. Aber leider sind die Heilanstalten und Altersheime in Deutschland auch schon wieder übervoll.»

Hitler dreht sich zu seinem Nebenmann: «Ihr müßt, wie damals, wieder Versprechungen geben, zum Beispiel ‹Wir werden die Arbeitlosigkeit abschaffen›. Goebbels, du solltest diesen Jungs mit deiner Erfahrung zur Seite stehen.»

Lügenminister Goebbels, ein Genie in Sachen Volksverhetzung, brüllt wie in seinen besten Nazi-Zeiten und für einen Schrumpfgermanen sehr laut: «Befehl wird ausgeführt, mein Führer. Unser Volk glaubt sowieso an jeden Scheiß!»

Prost Deutschland!! Deine verlorenen Söhne sind wieder da!!

Einer von den Skinhead-Brüdern, der mit dem glatteren Glatzkopf, brüllt mir die Parole ins Ohr: «Deutschland, Deutsche, Adolf!!»

Hitler guckt mich mit einem dummen Gesicht an: «Was hat er denn jetzt gemeint, Türke?»

«Ein Reich, ein Volk, ein Führer», übersetze ich vom Neofaschistischen ins Altfaschistische.

Ich schaue den beiden Skinheads hinterher: «Adolf, deine Jungs damals hatten aber wesentlich bessere Frisuren als diese Burschen, nicht wahr? Mit so einer Frisur kommt ihr niemals bis Sibirien!»

Hitler zeigt auf die Skinheads und fragt: «Was können denn die Jungs, zum Beispiel ...»

«... Molotowcocktails in Kinderzimmer werfen!» rufe ich.

«Türke, es wurde mir berichtet, daß wir hier in Deutschland im Jahre 2000 einen türkischen Bundeskanzler haben werden, stimmt das?»

«Ja, eigentlich habe ich das schon geplant. Aber wenn du nicht willst, dann kann ich meine Kandidatur auch wieder zurückziehen.»

Da mischt sich plötzlich leise meine Frau ein: «Osman, schämst du dich nicht, dich mit so einem Kerl einzulassen! Und du antwortest ihm auch noch so brav. Schäm dich, schäm dich. Pfuii!»

Ich flüstere zurück: «Frau, schweig, willst du, daß dieser Wahnsinnige wieder ausflippt? Willst du, daß wir sofort ins KZ kommen?»

Hitler brüllt mich auf einmal mit wütenden Augen an: «Glaubst du, ich merke es nicht, daß du schon die ganze Zeit gierig auf meine Eva bist? Du bist wohl lebensmüde, du Türkensau!»

Wenn der Kerl schon sauer auf mich ist, dann soll er sich jetzt wirklich ärgern: «Also gut, Adolf, du hast völlig recht, ich bin voll geil auf Eva. Ich bin Kommunist, Grüner und Sozialdemokrat. Ein bißchen Jude bin ich auch noch. Zur Not haben wir auch einen Farbigen in der Familie. Ich gestehe, ich bin Demokrat, und Türke bin ich sowieso. Und bald muß ich ins Altersheim, mich pflegen lassen! Was sagst du nun?»

Aber völlig desinteressiert wendet sich Hitler zum Ortsvorsitzenden der Republikanischen National Union: «Wie sehen die Pläne aus? Wie lange wird es noch dauern, bis wir wieder an der Macht sind?»

Dieser wiederholt das altbekannte Ritual, also Hände zusammen und Beine raus – oder war es umgekehrt? – und ruft: «Wir hoffen, daß es bald geschehen wird, mein Führer! Nur noch ein paar Arbeitslose und zweieinhalb Asylanten mehr, dann wäre es geschafft. Wir werden das Kind schon schaukeln.»

«Aber nicht, daß ihr mir das Kind mit dem Bade ins KZ schüttet», rufe ich dazwischen.

«Du hältst dich da raus, du Kümmeltürke! Wenn du nicht sofort die Klappe hältst, dann lasse ich dir die Rübe abhacken!»

«Aber, ich bin doch schon beschnitten. Wenn ihr wollt, kann ich die Beweise auf den Tisch legen.» Eva streckt sich auf ihrem Schaukelstuhl, um nichts zu verpassen.

Da bekomme ich einen derben Stoß mit dem Knie in den Rücken und falle aus dem Bett. Meine Frau läßt sich nicht stören und schnarcht weiter. Ich stehe auf und zerreiße den Einladungsbrief von der Republikanischen National Union in tausend Stücke und spüle ihn zusammen mit Hitler, Himmler, Goebbels, Göring, Hübschhuber und Frey im Klo runter; dabei bin ich sonst immer so umweltfreundlich.

Liebe Luxemburger, ihr habt recht: Freiheit ist immer die Freiheit der Andersdenkenden; aber was zum Teufel machen wir mit den Faschisten!?

Drei Osis und 17 Skins

Ich kann nicht einschlafen. Es ist bereits kurz vor Mitternacht. Ich ziehe mich wieder an und fahre zum Hauptbahnhof, um die Zeitung von morgen zu kaufen. Die Straßen sind menschenleer. Kein Auto weit und breit. Es wäre toll, wenn man auch tagsüber so bequem Auto fahren könnte. Herrlich, diese vielen freien Parkplätze direkt vor dem Bahnhof. Ich parke meinen Wagen quer ein, so belege ich gleich sechs Parkplätze auf einmal. Es ist ein tolles Gefühl, so viele Parkplätze nur für sich allein zu haben. Dazu auch noch kostenlos. Tagsüber finde ich hier nur Lücken auf den Behindertenparkplätzen. Die Polizisten sagen nie etwas, wenn ich dort parke. Sie gucken immer nur ganz mitleidig. So wie ich aussehe, kann ich deren Mitleid durchaus verstehen.

Die Bahnhofshalle ist ziemlich leer. In der Tür zum Zeitungskiosk steht ein Junge mit einer etwas eigenartigen Frisur und starrt mich genauso eigenartig an. Alle Zeitungen im Regal haben nur ein Thema: «Arbeitslosigkeit». Es gibt nur eine Ausnahme, deren Schlagzeile lautet: «Unglaublich! Drei Rocker von einer Oma vergewaltigt!» Ich kaufe diese Zeitung und gehe raus.

Der Junge mit der seltsamen Frisur ist immer noch da. Jetzt sind sie sogar zu zweit. Als ich an ihnen vorbeigehe, murmelt der eine: «Türkensau.»

Ich bleib stehen und schau mir die beiden an. «Nun gut, daß ich eine Sau bin, war ja nicht schwer zu erraten. Aber wie seid ihr dahintergekommen, daß ich Türke bin?»

Als noch zwei komisch frisierte Gestalten dazukommen, fangen alle zusammen laut an zu schreien: «Deutschland den Deutschen!»

«Jungs, ich kann euch ja gut verstehen. Aber euren Frust wegen des Haarausfalls müßt ihr schon woanders rauslassen. Versucht mal euren Kopf mit Brennesseltee zu waschen. Das soll gegen Haarausfall helfen!»

Als noch ein Glatzkopf mit einem dicken Holzknüppel dazukommt, werden sie noch lauter. Ich gebe es auf, mich mit diesen Leuten zu unterhalten, und versuche so schnell wie möglich zu meinem Auto zu kommen. Mir dämmert inzwischen, wer diese Holzköpfe – ich meine Glatzköpfe – sind. Das sind diese Typen, die, wenn sie zehn Mann sind, eine ausländische Frau, und wenn sie zwanzig Mann sind, einen ausländischen Mann angreifen und zusammenschlagen. Das sind Neo-Nazis, sogenannte Skinheads! Es sind erst acht Mann, die mir auf den Bahnhofsvorplatz nachlaufen. Also habe ich noch etwas Zeit, bis die restlichen zwölf auftauchen.

«Türken raus!» brüllen sie mir ins Ohr.

Ohne stehenzubleiben, antworte ich mit möglichst ruhiger Stimme: «Daß ihr Brüder eure Sozialhilfe bekommt, weil wir Ausländer so viele Steuern zahlen, das wißt ihr wohl nicht, oder?»

Die Skindhead-Bande um mich herum ist bereits auf zehn Leute angewachsen. Aber als Mann habe ich ja noch Zeit, bis sie zwanzig sind. Zum zweiten Mal im Leben freue ich mich, daß ich ein Mann bin (das erste Mal hat mit dieser Geschichte auch nichts zu tun). Ich springe in meinen Wagen und verriegele die Tür von innen. Gerade noch rechtzeitig habe ich es geschafft: drei Glatzköpfe vor zwanzig! Einer von ihnen stellt sich direkt vor meinen Wagen, damit ich nicht wegfahren kann. Das Licht meiner Scheinwerfer wird von den Glatzen reflektiert und blendet mich. 17 Reflektoren stehen um mein Auto. Mit ihren Holzknüppeln klopfen sie auf Motorhaube und Dach herum. Ein Skin beugt sich nach vorne und bricht meine Scheibenwischer ab!

«Komm, Osman, fahr ihn platt, das Schwein», sagt eine wütende Stimme in mir. «Nein, Osman, nein! Sind denn ein Paar Scheibenwischer wertvoller als ein Menschenleben?» beschwichtigt da eine andere innere Stimme.

Der böse Osi in mir flucht: «Weißt du denn eigentlich, wieviel Stunden man für neue Scheibenwischer arbeiten muß?» Aber der liebe Osi versucht ihn zu beruhigen: «Was soll's, wenn man einen Tag dafür arbeiten gehen muß. Seine Mutter hat schließlich neun Monate an ihm gearbeitet.»

Der böse Osi schreit dazwischen: «Glaub ich nicht. Der Kerl ist bestimmt ein Retortenbaby mit Genmanipulation. Du siehst doch selbst, das ist kein normaler Mensch.» Der liebe Osi antwortet mit ruhiger Stimme: «Also wegen ein Paar Scheibenwischern werden wir nicht mal eine Ameise totfahren. Geschweige denn ein Geschöpf Allahs.»

«Da hat Allah aber Mist gebaut», mische ich mich in das Gespräch ein. «Halt du dich da raus, dich hat keiner gefragt», schreit der böse Osi mich an. Die Glatzköpfe, die Nazis, die Hohlköpfe, die Skinheads, die Reflektoren, sie alle sind sauer, daß sie an unserem geistreichen Gespräch nicht teilnehmen dürfen, und demolieren deswegen alle zusammen mein Auto.

Der böse Osi kreischt: «Osman, fahr endlich los, mach ihn platt, das Schwein.» Die gute Stimme sagt: «Aber das sind doch arme Menschen! Daran ist nur die Arbeitslosigkeit schuld. Als es noch genug Arbeit gab, hatten diese Burschen alle lange Haare. Die Jungs tun mir richtig leid. In Deutschland Skin zu sein ist doch ein schweres Los. Bei der Kälte mit Glatze rumzulaufen muß fürchterlich sein. In Afrika wäre ich auch gerne Skinhead, aber hier frieren die sich nicht nur den Arsch, sondern auch noch den Kopf ab.»

Der böse Osi zischt: «Wo ist da der Unterschied, kommt bei denen doch sowieso beides auf das gleiche heraus.»

Die Skins zertrümmern mit ihren Knüppeln die Scheinwerfer und versuchen die Scheiben einzuschlagen, damit sie in den Wagen reinkommen. In diesem Moment kommt ein Polizeiwagen am Bahnhof vorbei. Man sagt, die Polizei soll sich neutral verhalten, und die Polizisten hier verhalten sich wirklich neutral. Ohne für eine der streitenden Parteien Position zu beziehen, fahren sie mit freundlichem Gruß an uns vorbei. Das nenne ich nicht nur gerecht, sondern auch noch höflich.

Der böse Osi ist außer sich vor Wut: «Osman, du Idiot. Willst du so lange warten, bis sie uns umbringen?! Fahr endlich los! Mach ihn platt, das Schwein!» Der liebe Osi antwortet nicht mehr. Er hat sich in eine hintere Ecke verkrochen. Nach einer Weile meint er ganz ruhig: «Das kannst du nicht machen, die Skins werden uns bei der Polizei anzeigen. Die merken sich bestimmt das Nummernschild.»

Der böse Osi schreit wütend: «Das ist mir doch egal. Du hast doch selber gerade gesehen, wie ‹korrekt› sich die Polizei hier verhält. Oder willst du hier etwa so lange warten, bis man allen Skins hinten auf dem Arsch Nummernschilder montiert hat?»

Als die Windschutzscheibe völlig zertrümmert ist, gibt auch endlich der liebe Osi nach. Beide Osis überzeugen mich, daß ich endlich Gas geben muß, sonst wird keiner von uns dreien lebend aus dem Wagen rauskommen. Ich halte die Kupplung und lasse den

Motor aufheulen. Ich kneife die Augen zusammen und lasse die Kupplung los. Der Glatzkopf vor dem Kühler fliegt weg wie eine glänzende Sternschnuppe. Jetzt habe ich einen Wunsch frei...

In Händen der Mafia

Frau, jammere mir nicht die Ohren voll! Mir haben sie schließlich auch die Augen verbunden. Ich kann genausowenig sehen wie du! Woher soll ich wissen, wo wir sind. Ich bin doch kein Hellseher!»

Aber Eminanim schimpft bereits seit zwanzig Minuten. Genauer gesagt, seitdem die zwei Männer uns die Augen verbunden und in diesen Lieferwagen hineingezerrt haben.

«Oh, Osman, wo fahren die uns bloß hin?»

«Frau, fang nicht schon wieder damit an. Woher soll ich das denn wissen? Aber ich habe das blöde Gefühl, daß wir jetzt ständig im Kreis herumfahren!»

«Das ist eine von unseren Vorsichtsmaßnahmen. Oder dachten Sie etwa, wir sind blöd?» ruft der Mann auf dem Beifahrersitz nach hinten.

«Wir wollen ja gerade verhindern, daß Sie rauskriegen, wo wir hinfahren», ruft der Fahrer mit dem schwarzen Trenchcoat, schwarzen Hut und gelben Socken.

«O Gott, hoffentlich geht das alles gut», ruft meine Frau.

«Aber, Eminanim, warum sagst du diesmal Gott anstatt Allah?»

«Ich will doch, daß die beiden deutschen Herren da vorne verstehen, daß ich vor Angst bereits am Beten bin.»

«So so, so so, du betest also gar nicht zu Allah, sondern zu diesen beiden Deutschen! Du mißbrauchst unseren islamischen Glauben für deine eigenen Zwecke. Bei Allah, ausgerechnet meine Frau spielt mit unserer heiligen Religion. Frau, du bist ja noch schlimmer als dieser Salman Rushdie. Du kannst von Glück reden, daß Khomeini bereits tot ist!»

Als der Wagen mit quietschenden Reifen sehr schnell in eine Kurve biegt, schleudern wir auf der Matratze von einer Ecke in die andere. Wie zwei Säcke Kartoffeln rollen wir auf dem Boden des Lieferwagens hin und her. Mit unseren verbundenen Augen finden wir nichts, an dem wir uns festhalten können.

«Osman, ich fühle die Pistole in meinem Rücken.»

«Aber, Eminanim, die beiden Männer sitzen doch da vorne. Hier hinten sind wir alleine. Was du fühlst, ist bestimmt der Regenschirm. Aber warum hast du auch nur solche Angst?! Die behandeln uns doch ganz höflich.»

«Warum ich Angst habe, fragst du Idiot? Das ist schließlich mein erstes Kidnapping. Ich dachte, so was gibt's nur im Fernsehen.»

«Aber Frau, was die im Fernsehen zeigen, ist immer die Wirklichkeit. Mit Ausnahme vielleicht der politischen Nachrichten.»

Als sich uns ein Auto mit Polizeisirene nähert, versucht meine Frau die Seitentür zu öffnen, um rauszuspringen. Mit knapper Not schaffe ich es, sie gerade noch festzuhalten.

«Frau, zwinge die Männer nicht dazu, uns auch noch Ketten anzulegen. Die Sache hier haben wir uns schließlich selber eingebrockt.»

«Was haben Sie denn?» fragt die Gelbsocke.

«Sie verträgt keine Schaukelei», antworte ich anstelle der zweitgrößten Nervensäge des Mittleren Orients. «Mit den verbundenen Augen kommt sie sich vor wie auf einem Kamel.»

«Du meinst wohl mehr, wie auf der untergehenden Titanic», verbessert mich meine Frau.

Ich spüre, ich bin mindestens genauso aufgeregt wie sie. Scheiß Männerrolle! Ich darf nicht mal zeigen, daß ich Angst habe. Wie gern hätte ich auch mal rumgekreischt und laut gejammert. Meine Frau klammert sich an meinem Arm fest: «Oh, du mutiges Oberhaupt unserer Familie. Du bist ja so tapfer und kennst keine Angst! Hör nur zu, wie mir vor lauter Angst die Zähne klappern.»

Meine dritten Zähne habe ich mir längst in die Manteltasche gesteckt. Aber selbst dort klappern sie. Wenn meine Frau bloß wüßte, daß sie viel mutiger ist als ich. Ich habe sogar Angst, meine Angst zu zeigen.

Plötzlich hält der Lieferwagen an. «So, wir sind schon da», ruft der Beifahrer. Wir werden in eine Wohnung geführt und man öffnet uns die Augen.

«Also, da wären wir nun, meine Herrschaften. Verzeihen Sie uns bitte die Unannehmlichkeiten mit dem Augenzubinden. Aber das ist eine reine Vorsichtsmaßnahme. Wir möchten verhindern, daß Sie sich die Straße merken. Stellen Sie sich mal vor, was passieren würde, wenn es sich herumspricht, daß hier eine Wohnung zu vermieten ist. Mein Maklerbüro könnte dem Ansturm gar nicht standhalten.»

Sauerkraut gegen Nazis

Ich kann Kohl und Pinkel nicht mehr sehen. Das ist schon der dritte Tag hintereinander, an dem meine Frau Kohl und Pinkel serviert. Ich fühle mich, als hätte Kohl mich angepinkelt. Aber das Programm von letzter Woche war auch nicht viel besser: vier Tage lang Sauerkraut mit Eisbein und drei Tage Bratwurst mit Pommes. Ich habe ja nichts gegen diese deutschen Nationalgerichte. Ich habe sowieso nichts gegen die Deutschen. Trotzdem meinen die Deutschen, ich sei deutschfeindlich. Die Türken sagen, ich wäre türkenfeindlich. Männer halten mich für männerfeindlich, weil ich angeblich den Mann bloßstelle. Und Frauen halten mich ohnehin für frauenfeindlich.

Der Dackel Tina von unserer Nachbarin knurrt jedesmal, wenn er mich sieht, und bellt hinter mir her. Auf deutsch heißt das: «Osman, du bist hundefeindlich!» Tina hat recht, dazu stehe ich auch. Aber zu den anderen Vorwürfen sage ich nichts. Ich halte meinen Mund. Ich gehe ins Kloster und werde Nonne.

Das alles ändert aber nichts daran, daß ich Kohl und Pinkel nicht mehr riechen kann. Manchmal sehe ich meine heißgeliebte Bohnensuppe auf dem Tisch stehen. Doch dann merke ich, es ist nur eine Fata Morgana. «Jo mei, Osman, schmeckt's dir net?» fragt meine Frau auf bairisch. «Doch, doch, ganz toll», sage ich auf türkisch.

Sie nimmt die beiden hübschen neonfarbenen Teppiche mit Atatürk und Bosporusbrücke von der Wand und hängt dafür zwei Hirschköpfe aus Plastik auf. Als ich heute von der Arbeit komme, sehe ich, daß unser Garten (2 × 2 m) mit Gartenzwergen vollgestopft ist. Als ich in das Wohnzimmer komme, zeigt sie mir die Kniebundhosen aus Leder, die sie für mich gekauft hat.

«Na, Osman, g'foits dia?» fragt sie auf bairisch. «Echt voll affengeil», sage ich auf türkisch. Ihr offenherziges Dirndl sieht auch ganz toll aus. «Ein Mann ohne Lederhose ist koa Mann net», sagt sie bairisch. «Ja freilich, Weib», sage ich. Unsere Kinder singen mit wehender Werder-Fahne in der Hand alle gemeinsam im Chor: «Wir ziehen den Bayern die Lederhosen aus, die Lederhosen aus, die Lederhosen aus.» (Osman, du bist bayernfeindlich, d. Hg.) (Das macht nichts, ganz Deutschland ist bayernfeindlich, O. E.)

Am nächsten Tag finde ich vier strohblonde Aussiedlerkinder in unserem Wohnzimmer vor. Mit Tränen in den Augen gratuliere ich gerührt meiner Frau: «Eminanim, ich finde es wirklich toll von dir, daß du diese vier Aussiedlerkinder aus Kirgisien bei uns aufgenommen hast. Wir müssen unseren deutsch-russischen Mitbürgern helfen. Nur schade, daß diese Deutschen kein Wort Deutsch verstehen!» Obwohl sich meine Frau in letzter Zeit mehr und mehr wie eine Deutsche verhält, ja sogar noch schlimmer, wie eine Bayerin, bin ich froh, daß sie ihre orientalische Gastfreundschaft nicht vergessen hat.

Das kleinste von den Aussiedlerkindern setze ich mir auf den Schoß. Es sieht so niedlich aus mit seinen strohblonden Haaren und unschuldigen Augen. Ich kratze aus meinem Gedächtnis die einzigen drei russisch klingenden Wörter und sage: «Dobromow kapow strojkonow!»

«Geht's dir nicht gut, was redest du da für einen Unsinn?» sagt das strohblonde, niedliche Mädchen auf

ABENDS ERZÄHLT DER ALTE AMTSRAT GERN VON
SEINER ARBEIT.

meinem Schoß. «Ich bin's doch, Papi! Hatice, deine Tochter, die Nummer 5!»

Mit Entsetzen stelle ich fest, daß meine Frau all unseren Kindern die Haare strohblond gefärbt hat.

Hasan, unser Nachbar, der uns wegen meiner Rumbrüllerei zur Hilfe geeilt ist, meint nur: «Aber Osman, das ist doch ganz normal. Alle unsere Landsleute tun das jetzt hier. Sie tarnen sich, um sich vor den brutalen Übergriffen rassistischer Deutscher zu schützen. Ich habe meinen Ford Transit auch schon gegen einen Golf getauscht.»

«Ist das nicht ein bißchen eng für elf Leute?» frage ich ihn.

«In solch schlechten Zeiten kann man sich nur helfen, wenn die Familie eng zusammenrückt», antwortet er.

Nachts im Bett öffnet meine Frau wieder ihr Protokollheft und macht ganz ordentlich ihre nächtlichen Eintragungen. Dann guckt sie mich von der Seite an, so wie man einen Eunuchen anschaut, und sagt: «Osman, nach meinen Statistiken bist du in der letzten Zeit deinen ehelichen Pflichten nur 0,7mal im Monat nachgekommen.»

Ich hasse alle Protokolle, die deutsche Ordnung und die Benotung in Leistungsfächern.

Am nächsten Morgen schleppe ich mich noch halb im Schlaf ins Bad und bekomme einen Schock. Alle Wände sind beschmiert. Meine Frau hat das Bad mit Parolen vollgesprüht: «Türken raus», «Deutschland den Deutschen», «Lang lebe Helmut Kohl». Als ich in den Spiegel schaue, bekomme ich meinen zweiten Schock gleich hinterher. Sie hat mir heute nacht mein Allerheiligstes abgeschnitten, meinen Schnurrbart! Nein, das ist zuviel! Das halte ich nicht mehr aus.

Ich rase zum Telefon und klingele unseren Hausarzt

aus dem Bett. Flehend schreie ich ihn an: «Bitte, bitte, Herr Doktor! Holen Sie sofort diese fünf Liter bayerisches Blut, die Sie meiner Frau bei ihrer Magenoperation letzten Monat gegeben haben, wieder aus ihr raus. Ich kann es nicht mehr ertragen! Pumpen Sie, verdammt noch mal, dieses deutsche Blut aus meiner Eminanim wieder raus!!»

Der Schlüssel zum Paradies

Meinen diesjährigen Urlaub verbringe ich auf dem Bürgersteig. Seit fünf Tagen sitze ich vor dem großen Buchladen. Dabei habe ich nicht schlecht verdient – als Bettler. Mehr als in Halle 4 auf jeden Fall, und dabei bettele ich doch in Wirklichkeit gar nicht! Es sieht nur so aus.

Die ältere Dame, die mich gestern fotografiert hat, überreicht mir ein Flugblatt. Neben dem großen Foto von mir steht: «Dieser tapfere Mann kämpft seit vier Jahren für beheizbare Fußgängerzonen, damit auch schwangere Kurzhaardackel nicht frieren müssen. Vor elf Tagen ist er sogar dafür in den Hungerstreik getreten. Wir unterstützen seine gerechte Forderung! Gemeinnütziger Verein zur Förderung angewärmter Bürgersteige für schwangere Kurzhaardackel e. V.»

Die Idee mit den beheizbaren Bürgersteigen überzeugt mich. Die vielen Obdachlosen in dieser Stadt werden es den schwangeren Kurzhaardackeln danken.

Ich packe alles Geld, das ich als Bettler verdient habe, in dieses Flugblatt und übergebe es meiner Tochter. Sie hat mir heute gerade wieder das Mittagessen vorbeigebracht.

«Willst du noch lange hier auf der Straße rumsitzen, Papa?» fragt mich Hatice.

«So lange, bis endlich jemand mein Buch gekauft hat», sage ich wild entschlossen.

Das ist der wahre Grund, lieber Leser, warum ich hier sitze. Ich will dich kennenlernen. Ich will alles über dich wissen: deine Augenfarbe, dein Alter, deine

Schuhgröße, dein Lieblingsessen, die Häufigkeit deiner sexuellen Kontakte und die Haarfarbe deiner Großoma. Kurz, ich will alles über dich wissen. Ich will meine Leser ganzheitlich erfassen. Wer meine Bücher kauft, muß auch die Konsequenzen dafür tragen.

«Hatice, siehst du den Kunden, der gerade den Laden betreten hat? Hast du seine Kleidung gesehen? Das ist ein Mann von Welt. Solche Leute sind sehr intelligent und gebildet. Der Herr kauft bestimmt mein Buch. Danach können wir auch nach Hause gehen. Als großer Autor von Weltformat habe ich moralische Verpflichtungen der Menschheit gegenüber. Ich will zum Beispiel nicht, daß triebhafte Hühnerdiebe meine Bücher kaufen. Na gut, von mir aus sollen sie meine Bücher kaufen. Ich bin ja kein Unmensch. Außerdem erhöht das die Auflage. Von mir aus dürfen sie es sogar lesen. Durch die Auseinandersetzung mit meinem literarischen Schaffen ändern sie sich vielleicht sogar.»

«Bestimmt», sagt meine Tochter zynisch, «die werden alle zu Massenmördern.»

«Hau ab, du undankbares Kind. Marsch nach Hause. Abwaschen!»

In diesem Moment kommt der intelligente, gebildete und gutgekleidete Mann von Welt, der sicher eins meiner Bücher gekauft hat, wieder aus dem Laden raus. «Papa, er hat keins von deinen Büchern. Der Mann hat nur vernünftige Bücher gekauft.»

«Hatice, mein Kind, das ist eine wichtige Lektion für dich. Man darf sich nicht durch Kleidung und Äußeres eines Menschen täuschen lassen. Der Kerl ist nur ein Wichtigtuer. Er ist ein ungebildeter Volltrottel. Er hat das Buch der Bücher nicht gekauft.»

«Meinst du etwa den Koran, Papa?»

«Ich meine doch mein Buch, du Idiot!»

«Aber Papa, das spricht doch für ihn.»

Ich werfe das Fünfmarkstück, das mir der ungebildete Volltrottel als milde Gabe in die Hand gedrückt hat, meiner Tochter an den Kopf. «Verschwinde endlich! Laß dich hier nicht mehr blicken. Diese Schlechtigkeit kannst du nur von deiner Mutter geerbt haben!»

Meine Neugier und der Drang, meine Leser kennenzulernen, bestimmt nicht einseitig. Oh, wie würde der namenlose Leser sich freuen, wenn er endlich den berühmten Autor persönlich kennenlernen darf! Allein mein Anblick müßte ihn glücklich machen. Von dem überwältigenden Ereignis wird er noch seinem Urenkel berichten. Allah hat mir die Gabe geschenkt, die Menschheit allein durch meine Anwesenheit glücklich zu machen. Die Tragik ist nur, daß es immer noch Menschen gibt, die das nicht wissen. Wenn sie wüßten, daß hier der große Schlosser und Hobby-Autor – oder war es umgekehrt? – persönlich auf sie wartet, dann gäbe es bestimmt ein Verkehrschaos.

Ich habe keine Wahl. Ich muß mich zu erkennen geben. «Ich heiße Osman Engin», sage ich zu der Dame, die mir fünfzig Pfennig zuwirft.

«Mein Gott, diese armen Ausländer», sagt sie mitleidig und läuft weiter.

«Ich heiße Osman Engin», sage ich dem nächsten Mann, der vorbeigeht.

«Schön für dich», ruft er.

Offensichtlich müssen die Menschen zu ihrem Glück gezwungen werden. Ich springe auf und schnappe mir den nächsten älteren Herrn, der vorbeikommt. Wie ein Wilder brülle ich ihm ins Ohr: «Ich bin Osman Engin, der berühmte Schriftsteller. Ich will dich glücklich machen. Freu dich, los, freu dich endlich.»

Erschrocken ruft der Herr: «Hiilfee, Hilfee. Vergewaltigung! Schafft mir diesen Irren vom Hals!»

Als die Passanten ihm zu Hilfe eilen, sehe ich ein,

daß es zwecklos ist. «Aber ich bin es doch wirklich, der Osman Engin. Ich schwöre es Ihnen», jammere ich vor mich hin.

«Das macht doch nichts, das könnte doch jedem passieren. Ich verzeihe Ihnen», versucht der ältere Herr mich zu beruhigen. «Niemand wird schlecht geboren. Die Gesellschaft macht jeden zu dem, was er ist», sagt er weiter.

Kurz darauf vergesse ich alle meine weltlichen Sorgen. Ein Jugendlicher kommt mit meinem Buch aus dem Laden heraus und wedelt damit vor meinem Gesicht. Ich ergreife die Initiative: «Junger Mann, du darfst mir persönlich die Hand schütteln.»

Ich sehe schon, wie er vor mir auf die Knie fällt. Aber statt dessen sagt er nur: «Mit Fremden rede ich nicht.»

«Fremd? Wieso fremd? Ich bin's doch, dein Osman. Du hast gerade mein Buch gekauft.»

«Sie meinen dieses Buch hier? Der Verkäufer hat mir zehn Mark gegeben, damit ich das Buch mitnehme. Er hat gesagt: ‹Dadurch werden wir den Penner vor unserem Laden hoffentlich los.›»

Wütend reiße ich dem jungen Burschen mein Buch aus der Hand. Kein Unwürdiger soll es berühren, der seinen Wert nicht zu schätzen weiß.

Als ich am nächsten Morgen die Wohnung verlasse, um wieder meinen Platz vor dem Buchladen einzunehmen, zeigt mir meine Frau die Tageszeitung. Auf der Titelseite prangt ein großes Bild von mir mit meiner Tochter beim Mittagessen. «Dieser wohnungslose Mann haust mit seiner neunköpfigen Familie seit drei Monaten auf der Straße. In seiner Verzweiflung fällt er bereits hilflose Passanten auf der Straße an. Wo soll die katastrophale Wohnungsbaupolitik dieser Regierung noch hinführen?» Anscheinend will mich jeder vor seinen Karren spannen.

«Einen wunderschönen guten Morgen wünsche ich Ihnen, Herr Buchladenbesitzer», grüße ich, während ich meinen Platz wieder einnehme.

«Alle Penner lungern entweder vor Kneipen oder Bordellen», sagt ein Passant zu seinem Begleiter. «Aber der Kerl treibt sich den ganzen Tag nur vor Buchläden, Museen und Opernhäusern herum. Eine ganz neue Modeerscheinung: sozusagen der kultivierte Penner!»

Kurz nach dem Mittagessen, wobei jeder Bissen von zahlreichen Fotografen festgehalten wurde, kann ich meinen Augen nicht trauen: Wieder verläßt ein Mann den Buchladen mit meinem Buch. Selbstverständlich ist er ein sympathischer, gutgekleideter und hochintelligenter Mensch. Ich halte ihn sogleich an.

«Guten Tag, mein Herr! Sie haben gerade ein Buch gekauft?»

«Ja, richtig, gut beobachtet.»

«Soweit ich sehen kann, ein Buch von Osman Engin?!»

«Stimmt! Ich will es in der Klasse meinen Schülern vorlesen.»

«Gehe ich richtig in der Annahme: Sie sind Lehrer?»

«Gut geraten! Ich unterrichte Geschichte und Literatur.»

«Und für diesen Zweck haben Sie ganz bewußt das Buch von Osman Engin gekauft?»

«Ja, sicher.»

Oh, Allah, nimm mich zu dir! Wenn es am schönsten ist, dann sollte man aufhören. Ich bin wahrlich auf dem Gipfel des Glücks angelangt, so nimm mich denn zu dir! Du hast den Rest der Menschheit, wie auch diesen Lehrer und seine Klasse, durch mich glücklich machen lassen. Und mache mich jetzt noch glücklicher, und nimm mich zu dir.

Ich lege meine Hand auf die Stirn des Lehrers und segne ihn: «All die Freude, all das Glück, welches du durch mich erlangen wirst, soll dich dein ganzes Leben auf Erden nimmer verlassen! Dein Kauf war wohlgetan, dieses Buch ist der Schlüssel zum Paradies, mein Sohn! Amen!»

«Lassen Sie mich los, ich komme sonst zu spät zum Unterricht.»

«Und dieses Buch wollen Sie heute vor der Klasse lesen, mein Sohn! Amen!»

«Sagte ich doch bereits. Mit diesem Buch kann ich meinen Schülern beweisen, daß nicht alles Gedruckte Literatur ist. Dafür ist dieses Buch ein gutes Beispiel.»

Nächstenliebe auf deutsch

Im Gegensatz zu meinem Finanzgenie Eminanim hatte die DDR keinen Devisenbeschaffer, der sie vor dem Ruin retten konnte. Es gibt nämlich ernstzunehmende Gerüchte, daß meine Frau brisante Informationen über Ausländer·und Waffen aus NVA-Beständen an Skinheads weiterverkauft. Der Verein war noch bankrotter, als ich es am Monatsende regelmäßig bin.

Aber es gab auch durchaus viel Gutes im alten Arbeitslosen- und Bauernstaat. Zum Beispiel: 1. Trabi, 2. Honecker, 3. Stasi!

Der Staat liebte seine Bürger. Er hat jeden beobachten lassen, weil er genau wissen wollte, wie es jedem einzelnen geht. Im Westen geschieht das durch die Gesellschaft: die ganz alltägliche Bespitzelung. Das scheint was total typisch Deutsches zu sein. Man kann sagen: Nächstenliebe auf deutsch.

Wie die Firma 40 Jahre lang 17 Millionen Menschen mucksmäuschenstill gehalten hat, ist einfach bewunderungswürdig und nachahmenswert. Das schaffe ich nicht mal bei fünf Kindern und einer einzigen Frau. Deshalb habe ich beschlossen, Stasi-Methoden bei mir zu Hause einzuführen, um endlich mein Volk unter Kontrolle zu bringen.

Ich habe da nämlich auch meine Ideale. Ich will in der Fabrik von Halle 4 mindestens bis zu Halle 2 aufsteigen. Dafür habe ich meinen Jahresurlaub geopfert. Ich nahm an einem Intensiv-Leistungskurs der Volkshochschule teil: «Stasi-Methoden für Fortgeschrittene». Mein Kursleiter Mielke versteht sein Geschäft. Er ist mein Vorbild, und mittlerweile rede ich genauso wie er. Wenn sich zum Beispiel mein Sohn Mehmet beim Abendessen einen Scherz erlaubt, dann fahre ich ihm gleich übers Maul: «Vorsicht, sonst verlierste deine Zähne nachher!!» Auf diese machtvollen Worte, bei denen alle Menschen in der DDR sofort geschwiegen haben, antwortet meine Frau mit vollem Mund: «Osman, paß du lieber auf deine eigenen Zähne auf. Du verlierst dein Gebiß doch überall!» Stasi-Chef Mielke hätte sich bei uns in der Familie höchstens bis zum Diener hochgearbeitet. Und Markus Wolf wäre sein Laufbursche.

Durch eine Abhöranlage im Keller belausche ich mein eigenes Telefon. Als ich einmal vergaß, meine Frau abzuhören, rief sie: «Osman, ab in den Keller. Ich habe mich so daran gewöhnt. Ich kann ohne das Knistern im Telefonhörer nicht mehr sprechen.»

Mit viel Privilegien werbe ich meine zukünftigen Stasi-Spitzel an: Devisen, Westreisen, Auto, Telefon und Barbiepuppen. Schließlich beißt meine vierjährige Tochter Hatice an. Jeden Abend gibt sie mir Rechenschaft darüber, wer was gemacht hat. Mit der Aktenführung muß ich noch so lange warten, bis sie lesen und schreiben gelernt hat. Das ist auch der Grund, warum mein Parteiorgan ‹Neues-Engin› bisher nur mich als Zwangsabonnenten hat.

Mein Agent Hatice bekommt den Code-Namen Charly Z 4673. Meine Frau sagt: «Osman, ist dir nichts Einfacheres eingefallen? Wie soll das arme Kind denn diesen komplizierten Namen überhaupt behalten, Charly Z 4673. Sie kann noch nicht mal ihren Namen richtig aussprechen.»

Ich bekomme einen Schock. Ist Hatice ein Doppelagent? Arbeitet sie jetzt auch für die gegnerische Seite? Oder war mein Top-Agent nur unvorsichtig? Als Charly Z 4673 am nächsten Tag frierend aus dem Kindergarten heimkommt, meint meine Frau ganz spöttisch: «Da ist sie ja; die Spionin, die aus der Kälte kam.»

Ich werde den Verdacht nicht los, daß der Feind über meinen Agentenring genau im Bilde ist. Deshalb versuche ich auch noch meinen Sohn Mehmet als Stasi-Spitzel anzuwerben, damit er Charly Z 4673 bespitzelt. Das war es doch, was den Erfolg der DDR ausgemacht hat. Es gab keinen, der nicht bespitzelt wurde. Arbeitsbeschaffungsmaßnahme auf ostdeutsch. Ich habe mittlerweile genau die gleichen Verhältnisse geschaffen wie in der DDR. Die Hälfte des Volkes bei mir zu Hause wird bespitzelt und die andere Hälfte ist Spitzel!

Einmal in der Woche abends treffe ich mich außerhalb der Stadt mit ‹Lisa J 4711› – Stasi Mehmet – wegen der Aktenübergabe. Um uns gegenseitig zu erkennen, tragen wir die neueste Ausgabe von ‹Neues-Engin› viermal gefaltet in der Westentasche.

Ich setze mich auf die Bank neben meinen Sohn... pardon, neben Lisa J 4711, und frage: «Wie geht's dem großen Bruder?» – «Dem Recep geht's gut, Papi!» – «Du Idiot, ich meine die Sowjetunion! Wann wirst du endlich die Agentensprache richtig lernen? Du taugst zu nichts!»

Versteckt in der Zeitung, übergibt Lisa J 4711 die Akten an seinen Agentenführer. Wir beide verhalten uns sehr vorsichtig. Denn die Gefahr, daß uns der Feind beobachtet, ist immer sehr groß. Obwohl ich mir ganz sicher bin, daß sie jetzt zu Hause gerade dabei ist, unser Abendessen vorzubereiten. Ich studiere die Akten und entdecke, daß Hatice heute gleich drei Flaschen Cola getrunken hat. Ein Produkt des Klassenfeindes! Wie hat sie sich nur den Zugang zu diesen kapitalistischen Waren verschafft?! «Du bist es doch, der dieses Zeug jeden Samstag kistenweise mit nach Hause schleppt, Papi», sagt mein Sohn Lisa. Danach fahren wir gemeinsam nach Hause, um nicht zu spät zum Abendbrot zu kommen. Auf der Heimfahrt bekommt Lisa J 4711 gleich fünf Orden auf einmal, wegen Tapferkeit vor dem Feind. Während der Ordenszeremonie kann ich als der Vater des tapferen Soldaten meine Tränen kaum noch unterdrücken.

Ich unterhalte mich mit ihm über Sprechfunkanlage und rufe: «Lisa J 4711 bitte kommen.» Er sitzt im Wohnzimmer mir gegenüber und sagt: «Hier Lisa J 4711, bitte kommen, over.» – «Lisa J 4711, können Sie bitte ein anderes Fernsehprogramm einschalten, over.» – «Ich will dies noch zu Ende gucken. Dann wird die Sache erledigt, over.» – «Osman, wie oft habe ich dir gesagt, daß du nicht so viele James-Bond-Filme angucken sollst! Jetzt spinnst du ja völlig, over!» funkt meine Frau dazwischen. Ich bin froh, daß sie den Ernst der Lage nicht bemerkt hat.

Als sie am nächsten Tag gegen Mittag sehr geheimnisvoll aus dem Haus geht, folge ich ihr auf den Fersen. Sie geht in einige Kaufhäuser und kauft mehrere Taschen voll. Das könnte ein Trick sein, um ihre Verfolger abzuhängen. Wieder auf der Straße, bleibt sie auf einmal stehen. Sie schaut sich geheimnisvoll um. Sie will sich sicher sein, daß sie nicht verfolgt wird! Ich wußte, daß ich einer wichtigen Sache auf der Spur bin. Ich schau mir die umliegenden Häuser an. In welches könnte sie hineingehen? Wo sind ihre Mittelsmänner? Da winkt sie schon mit der Hand und ruft: «Osman, komm und hilf mir beim Tragen. Schämst du dich nicht, mit leeren Händen hinter mir herzulaufen, während ich die ganzen Sachen alleine schleppen muß?!»

Weil Hatice ja noch nicht lesen und schreiben kann, suspendiere ich sie von der geheimdienstlichen Tätigkeit. Daraufhin schreibt sie Bücher mit den Titeln: «Jetzt rede ich!» und «Das unmenschliche System».

Prompt wird sie von Westsendern jeden Abend zu einer anderen Talkshow eingeladen. Der Talkmaster sagt: «Frau Hatice Engin, unsere Recherchen haben ergeben, daß Sie einen Code-Namen hatten, nämlich Charly Z 4673, würden Sie dem zustimmen?» Hatice nickt mit einer deutlichen Reue in den Augen. «Was waren für Sie die ausschlaggebenden Gründe, dieses menschenverachtende System zu verlassen?» Hatice hält ihre beiden Bücher in die Höhe und bricht in Tränen aus: «Ich war schon von Anfang an dagegen!» Am nächsten Tag wird sie in ihrem Kindergarten wie eine Königin gefeiert.

«Wenn in der DDR alle Wanzen leuchten würden, dann sähe es aus wie in Las Vegas!» Ein Ost-Witz, der mich sehr inspiriert hat. Ich kaufe gleich ein Pfund Wanzen und verteile sie, wie es sich gehört, sorgfältig in der ganzen Wohnung. Wenig später kann ich meine Frau abhören. Sie tobt wegen der Wanzen so sehr, daß sie noch drei Straßen weiter zu hören ist. Irgendwie muß ich wohl die falschen Wanzen gekauft haben. Meine Wanzen leuchten nicht: sie beißen nur!

Reise-Paranoia

Ich habe alles gepackt. Morgen früh fahre ich heim in die Türkei. Aber freut euch nicht zu früh, es ist nicht für immer. Ich fahre nur in Urlaub.

Alle Reisedokumente habe ich noch rechtzeitig zusammengekriegt.

Weil ich für die Reise etwas mehr Geld bei mir führe – sonst gibt mir meine Frau überhaupt nichts –, hat meine liebe Gattin alle großen Geldscheine in meiner Unterhose eingenäht. Da ist es bestens versteckt. Das Geld findet kein Mensch. Höchstens, wenn sie mich vergewaltigen. Aber welcher Triebtäter hat einen so schlechten Geschmack? Das einzige Problem ist: was passiert, wenn ich Durchfall bekomme?

Die Nacht vor der Reise vergeht nie. Ich kann einfach nicht einschlafen. Aber wenn ich den Fehler mache, doch einzuschlafen, dann bekomme ich gräßliche Alpträume: statt in der Türkei lande ich in Alaska. Unser Auto wird mitten in Belgrad geklaut; das Schlimmste dabei ist, daß wir mit im Auto sitzen.

Am nächsten Morgen klingeln mich meine beiden Arbeitskollegen, mit denen ich in die Türkei fahren will, brutal aus dem Bett.

Als ich mein Handgepäck einladen will, entdecke ich, daß der fast neue Ford Granada von Hüseyin – der Wagen hat höchstens 15 Jahre auf dem Buckel – wie ein dreistöckiges Haus aussieht. Ich frage Hüseyin: «Wie soll ich denn meine fünf Koffer da raufkriegen?»

«Kein Problem, Osman! Die packen wir oben, drauf», sagt er.

Mißtrauisch frage ich: «Wo obendrauf?» Da sehe ich, daß Mehmet schon dabei ist, mit meinen Koffern auf dem Wagen kunstgerecht ein viertes Stockwerk zu bauen.

Ich frage Hüseyin: «Bist du sicher, daß das hält?»

«Vertraue auf Allah, sein Wille ist mächtig.»

«Ja, aber können wir auch deinem Auto vertrauen?»

Zärtlich streichelt Hüseyin über den rostigen Kotflügel, so wie man einem guten Pferd übers Hinterteil streicht. Schlägt dann zweimal mit der flachen Hand – patsch, patsch – auf den Kotflügel. «Fährst du einen Ford, fühlst dich wie ein echter Lord!»

«Na ja, wenn das so ist», murmele ich und füge mich in Allahs Willen.

Endlich fahren wir los. Hüseyin fährt, Mehmet schläft auf der Rückbank, und ich hocke auf dem Beifahrersitz. Nicht direkt natürlich. Unter mir stapeln sich noch drei Wandteppiche mit Bosporusbildern in Neonfarben (Made in Hongkong), darunter ein Schnellkochtopf aus garantiert rostfreiem Stahl.

In der Nähe von Passau telefoniere ich kurz nach Hause, um meiner Frau Bescheid zu sagen, daß wir gleich über die Grenze fahren.

«Wir sind gleich in Österreich», rufe ich am Telefon meiner Frau zu.

«Viel weiter wärst du sowieso nicht gekommen», brüllt sie, «dein Paß und deine Papiere sind nämlich noch alle hier in Bremen!»

In der Scheibe der Telefonzelle entdecke ich, wie blaß ich plötzlich werden kann.

«Waaaaas?» schreie ich. So laut, daß sogar die durchrasenden Fahrer auf der Gegenfahrbahn die Köpfe nach mir umdrehen.

Die Papiere hatte ich sicher in meiner Hosentasche

deponiert. Heute morgen habe ich für die Fahrt eine neue Hose angezogen.

«Warum sagst du mir das jetzt erst?»

«Ich wollte es dir ja sagen. Ich bin sogar die ganze Zeit hinter eurem Auto hergelaufen. Aber ihr habt nicht angehalten. Du hast nur doof gegrinst und gewinkt.»

«Aber ich dachte, du rackerst dich aus Trauer wegen meiner Reise so ab, daß du bis zur Autobahnausfahrt hinter uns herläufst.»

«Kommt, Jungs, wir fahren nach Bremen zurück», sage ich ganz locker zu Hüseyin und Mehmet.

«Geht's dir noch gut? So früh schon Heimweh nach Bremen?» fragt Hüseyin. Mehmet starrt mich nur entgeistert an.

«...Leute, wir müssen zurückfahren! Wir brauchen doch meinen Paß, sonst kommen wir an den Grenzen nie durch», sage ich halb erpresserisch, halb feststellend, halb weinend.

«Wenn wir dich nicht dabeihaben, brauchen wir auch deine Papiere nicht», meint Mehmet ganz trokken.

«Wir sind in der Nähe von Passau. Du kannst deine Papiere dorthin schicken lassen und dann von hier mit dem Bus in die Türkei weiterfahren», meint Hüseyin.

Diese Idee gefällt Mehmet entschieden besser als mir. Eine Sekunde später entdecke ich ihn bereits, wie er vom vierten Stock des Dachgepäckträgers meine Überseekoffer runterschmeißt.

«Brüder, nehmt doch wenigstens mein bißchen Gepäck mit», flehe ich die Unmenschen auf Knien an. «Wie soll ich diese Riesenkoffer denn ohne Auto transportieren?»

Da zeigt sich, welch gütiger Mensch in Hüseyin

steckt. Wer hätte das geglaubt! «Nun gut, wir wollen mal nicht so sein. Du kannst dir deine Koffer in meinem Haus in Adana abholen.»

Ohne mit der Wimper zu zucken, fahren die beiden davon. Nur der Ford Granada zuckt noch zweimal. Aber der hat keine Gewissensbisse, dessen Kühler ist nur heißgelaufen.

Mit dem ganzen Auto, all den Stockwerken samt verbeultem Schnellkochtopf aus garantiert rostfreiem Stahl, fahren sie weg.

Ich stehe mitten auf der Autobahn.

Also strecke ich den Finger in den Wind und versuche zu trampen. Aber kein Mensch nimmt mich mit. Alle Fahrer starren mich neugierig an und fahren weiter. Aber ich bin nicht sauer. Wenn ich Auto fahre, nehme ich ja auch niemanden mit. Ich halte höchstens bei Mädchen an, aber nur bei ganz hübschen Mädchen mit blaukarierten Blusen.

Nach zwei Stunden und 43 Minuten hält tatsächlich ein LKW und nimmt mich mit. Über Geschmack soll man bekanntlich nicht streiten! Ich hätte mich nie mitgenommen.

Da fällt mir siedendheiß ein, daß jetzt meine Geldscheine in größter Gefahr sind. Zu oft habe ich gelesen, was kleinen Mädchen beim Trampen alles passieren kann.

Zu meiner Überraschung und Enttäuschung komme ich ohne Zwischenfälle in Passau an.

Es ist mitten in der Nacht.

Ich gehe in die nächste Kneipe, um dort die Nacht zu verbringen. Als ich ein bayerisches Weißbier getrunken habe, merke ich, daß ich mein Portemonnaie in der Telefonzelle auf dem Autobahnrastplatz liegengelassen habe. Ich war völlig durcheinander wegen der vergessenen Papiere. Und diesmal ist nicht mal meine

Ehefrau schuld. Oder doch! Schließlich hätte sie mir die Katastrophe behutsamer beibringen können.

«Muß ich das Bier bezahlen?» frage ich den Wirt.

«Ja mei, koanst froah sei, dös dö überhaupt hi nei dorfst! Dö Türk dö, ausgescharmter!»

«Ich hege die Befürchtung, daß ich mein Kleingeld leider nicht dabeihabe», gebe ich schüchtern zu bedenken.

«Koanst koa on anständiges Dötsch, Depp dö?!»

Es scheint, daß ich nicht drum herumkomme, etwas Geld aus meiner Unterhose zu ziehen.

Gegen drei Uhr morgens gehe ich zum Bahnhof, um im Wartesaal doch noch etwas zu schlafen.

Als mich gegen Morgen die Bahnpolizei lautstark weckt, fühle ich, daß ich auf dem Passauer Bahnhof besser geschlafen habe als gestern in meinem Bett. Man sollte öfter auf Bahnhöfen übernachten. Nur meine Jacke war inzwischen total dreckig. Instinktiv fasse ich mir blitzschnell zwischen meine Beine. Allah sei Dank, es ist noch alles da. Das Geld meine ich.

Ich mache mich auf den Weg zum Postamt. Gestern abend hatte ich noch bei meiner Frau angerufen, damit sie mir meine Papiere sofort per Expreß zuschickt.

«Haben Sie ein Expreßpaket erhalten, adressiert an Osman Engin?»

Der Beamte wühlt in einem Berg von Paketen.

«Ja, hier haben wir so was.»

Ich freue mich riesig, endlich meine Papiere wiederzubekommen. Auf meine liebe Frau ist doch Verlaß.

«Bitte zeigen Sie mir Ihren Ausweis.»

Ich greife zur Jackentasche. Nichts zu finden. Auch in der Hose ist nichts. Na, wie denn auch? Schließlich bin ich nur wegen des Passes hier.

«Sie halten meinen Paß bereits in der Hand. Er ist in dem Paket.»

«Ich bin nicht berechtigt, dieses Paket zu öffnen. Bitte, zeigen Sie mir Ihren Führerschein oder was anderes.»

«Aber alle meine Papiere sind in dem Paket drin», rufe ich.

«Das kann ja jeder behaupten!» brummt der Postmann und schmeißt mein Paket wieder zurück auf den Berg.

So nah war ich meinen Papieren seit zwei Tagen nicht mehr. Aber bekommen kann ich sie trotzdem nicht.

Nicht mal bei der Ausländerpolizei machen sie so ein Theater wegen eines blöden Passes. Die stecken einen höchstens in Abschiebehaft.

Verzweifelt suche ich nach Wegen, wie ich meine Existenz beweisen kann. Ich sehe ein, ohne meinen Paß bin ich ein Nichts. Ein Niemand. Nicht mal Osman Engin. Der Rest der Menschheit behandelt mich wie Luft; wie Luft bei Smogalarm.

«Schauen Sie mich doch mal bitte an», sage ich dem Beamten. «Wie könnte ich mit so einem Gesicht denn sonst noch heißen außer Osman?»

Sorgsam betrachtet er meinen Kopf von rechts bis links. Mein Argument scheint ihm einleuchtend.

«Na gut, zu Kontrollzwecken werden wir dieses Paket mal öffnen.»

Das ist kein richtiger Beamter, denke ich mir. Der will nicht mal Schmiergeld haben.

«Aber Sie müssen noch 2,50 DM Nachgebühr zahlen», ruft er aus seinem Schalter. Damit ich aus meiner Unterhose das Geld herausholen kann, lasse ich die Hose fallen.

«Mein Gott, behalten Sie Ihre Hose an. Ich habe ja nicht gewußt, daß Sie so arm sind.»

Mit meinem Paß in der Hand verlasse ich strahlend

das Postamt von Passau. Mit der Bundesbahn erreiche ich gegen Mittag den Münchener Bahnhof. Ich habe ungeheures Glück, in knapp drei Stunden fährt ein Bus in die Türkei.

Als der Bus startet, bin ich restlos zufrieden. Ich versuche zu schlafen. Aber es klappt nicht. Bei dem Gerappel kann kein Mensch einschlafen. Schade, daß dieser Bus keinen Bahnhofswartesaal zum Schlafen hat.

In Ungarn wird kurz hinter der Grenze gehalten zur Kaffeepause. Alle steigen aus, um schnell etwas zu trinken. Ich bleibe als letzter im Bus und stecke meine Papiere ganz ordentlich in die Innentasche meiner Jacke. Und die hänge ich gut sichtbar direkt neben meinem Sitz auf. Als ich die Cafeteria betrete, sind die meisten Leute schon mit dem Kaffeetrinken fertig. Ich bestelle einen Kaffee mit viel Zucker. Als ich endlich meinen leckeren Zucker mit Kaffeegeschmack bekomme, beobachte ich, wie die Fahrgäste langsam zum Bus laufen. Als letztes spazieren auch die beiden Fahrer wieder zum Bus. Aber da muß ich mir keine Sorgen machen. Ich weiß, daß die auf mich warten. Bei uns in der Türkei ist das so üblich, wenn man mit dem Bus fährt. Der Fahrer zählt die Leute durch, wenn einer fehlt, dann merkt man es ja und wartet solange. Im selben Moment sehe ich meinen Bus abfahren. Kann der Trottel nicht richtig zählen oder was?!

Ohne zu bezahlen, rase ich hinter dem Bus her.

«Wartet, ihr habt mich vergessen!»

Ich schreie, pfeife, winke mit beiden Armen und renne wie ein Irrer. Aber der Bus wird immer schneller. Ich laufe weiter hinter dem Bus her. Draußen ist es Nacht, die können mich bestimmt nicht mehr sehen. Ich hatte meine Papiere erst ein paar Stunden wieder zurück. Jetzt sind sie schon wieder weg. Der verdammte Bus wird immer schneller und schneller, ich werde immer langsamer und langsamer. Dazu auch noch heiser. Ich bin mal wieder alles los: meinen Paß, Führerschein, Geburtsurkunde, Impfausweis und alle die anderen Papiere. Zur Krönung habe ich jetzt auch noch meine Jacke verloren.

Bei Allah, was soll ich ohne Ausweis mitten in Ungarn? Mein Ungarisch ist noch schlechter als mein Bairisch.

Eine ältere Dame hält am Straßenrand und fragt mich auf ungarisch, ob sie mich in ihrem Auto mitnehmen soll. Als ich schon fast eingestiegen bin, fällt mir meine Unterhose bzw. mein dort eingenähtes Geld ein. Woher weiß die Frau davon? Warum sonst würde sie mich wohl mitnehmen wollen?! Entweder sie will meine Unterhose oder mich vergewaltigen. Aber beides kommt auf das gleiche heraus: mein Geld.

Hastig sage ich auf deutsch mit ungarischem Akzent: «Ich nix fahren Auto. Ich Ungar, ich hier bleiben» und steige blitzschnell wieder aus.

Während ich mit dem Gedanken spiele, zur Polizei zu gehen und die ungarische Staatsbürgerschaft zu beantragen, sehe ich meinen Bus in der Ferne anhalten. Die Warnblinkanlage leuchtet auf. Mein Bus kommt zu mir zurück. Ich brauche keinen ungarischen Paß zu beantragen. Wo ich nicht mal auf meinen eigenen aufpassen kann.

Als ich dann später tatsächlich wieder im Bus sitze, beschließe ich, Allah zum Dank ein Schaf zu schlachten, sobald ich in der Türkei bin. Zum Glück hatte mein Nachbar im Bus gemerkt, daß ich fehlte, und dem Fahrer Bescheid gesagt. Jetzt soll noch einer sagen, ich sei Luft für meine Mitmenschen. Luft wie bei Smogalarm Stufe eins.

Als ich einen Tag später endlich in der Türkei bin, wechsle ich meine DM in Istanbul gegen türkische Lira

ein. Dann suche ich sogleich die berühmte Blaue Moschee in Istanbul auf. Nichts kann mich abhalten, Allah zu danken, daß ich mit all meinen Papieren heil in Istanbul angekommen bin.

Im Hof der Moschee setze ich mich an den Brunnen und reinige vorschriftsmäßig dreimal meine Hände, Füße und das Gesicht.

Es ist schön, wieder in der Heimat zu sein.

Die Sonne strahlt, das Wasser plätschert, die Vögel zwitschern, die Autos hupen. Nachdem ich in aller Ruhe meine Waschungen beendet habe, nehme ich meine Jacke vom Haken, um die Moschee zu betreten.

Ich ziehe die Jacke an. Es ist doch kühl hier, wegen der hohen Bäume. Das heißt, ich versuche zumindest die Jacke anzuziehen. Doch irgendwie passe ich in meine eigene Jacke nicht mehr hinein. Sie macht seltsame Geräusche beim Hineinzwängen. So, als wenn sie zerreißen würde.

Sollte ich in den paar Stunden soviel zugenommen haben? Oder habe ich mich durch das Waschen mit dem türkischen Wasser so ausgedehnt?!

Auf einmal entdecken meine entgeisterten Augen, daß es nicht meine Jacke ist. Meine Jacke sah ganz anders aus, viel schöner. Mit entsetzlicher Vorahnung greife ich sofort in die Taschen. Kein Paß, keine Papiere, kein Geld, nichts!!

Verdammt, das ist nicht meine Jacke! Meine gute Jacke ist weg. Anscheinend haben die Ureinwohner gleich gemerkt, daß ich ein Deutschling bin. Eine Unverschämtheit, im Moscheehof die Jacken zu vertauschen. Ich bin mein ganzes Geld los. Es steckt auch nichts mehr in der Unterhose. Paß und Papiere bin ich jetzt zum drittenmal los. Diesmal bestimmt endgültig. Dreimal ist Bremer Recht.

Aber was soll's, ich habe den Vorteil, daß ich wenigstens in der Türkei bin. Türkisch kann ich nämlich besser als Bairisch und Ungarisch.

Und schlecht steht mir diese Jacke auch gar nicht.

Mein Versprechen will ich trotzdem einhalten.

Ich ziehe meine Schuhe aus und betrete die Moschee zum Gebet. Da man gütig sein soll, verzeihe ich dem schamlosen Dieb. Ich verrichte mein Gebet, verlasse das Gotteshaus in Seelenfrieden und...

«Meine Schuhe!! Meine Schuhe sind weg!! Diese verdammten Diebe haben mir auch noch meine Schuhe geklaut!!!»

tomate

Uschi und Brian Bagnall
Die Wahrheit über den Stiefel
Das Italien-Fanbuch
(tomate 13026)

Rainer Bartel
Computer leiden leise *Vom liebevollen Umgang mit Computern*
(tomate 12777)

Ekko Busch
Gute Reise! *Cartoons aus der F.A.Z.*
(tomate 13089)

Wolfram Eicke
Mit Kakao und Pistole... *halten wir Papa auf Trab*
(tomate 12583)
Das Pauker-Buch *Erkenne deinen Lehrer und du hilfst dir selbst!*
(tomate 12159)

Bernd Fritz
Von großem Deutschem *Satiren aus der TITANIC*
(tomate 12767)

Heinz Jankofsky
Auf baldige Genesung! *Cartoons zum Gesundlachen*
(tomate 13143)

Uwe Nielsen
Wir schalten um! *Das endgültige TV-Programm*
(tomate 12434)

Erich Paulmichl
Die Wahrheit über Golfer
Cartoons
(tomate 13099)

Rowohlt Schmunzel-Lesebuch
Herausgegeben von Klaus Waller
(tomate 13105)

Ahriman Satyri
So sind die Frauen! *Das hilfreiche Buch der Frauen-Typen*
(tomate 12633)
So sind die Männer! *Das hilfreiche Buch der Männer-Typen*
(tomate 12754)

Klaus Waller / Jan Cornelius (Hg.)
Heiteres Europa *Eine Lese-Reise*
(tomate 12864)

Ulrich Winterfeld
Sex-Lexikon *69 eindeutige Ratschläge. Mit einem erotischen ABC von Erich Rauschenbach*
(tomate 12418)

rororo tomate wird herausgegeben von Klaus Waller. Ein Gesamtverzeichnis der Reihe finden Sie in der *Rowohlt Revue*. Jedes Vierteljahr neu. Kostenlos in Ihrer Buchhandlung.

rororo Unterhaltung